Offenen Auges

Penelope Poetis

Für meine Mama

Der Papa ist ja im Prolog ☺

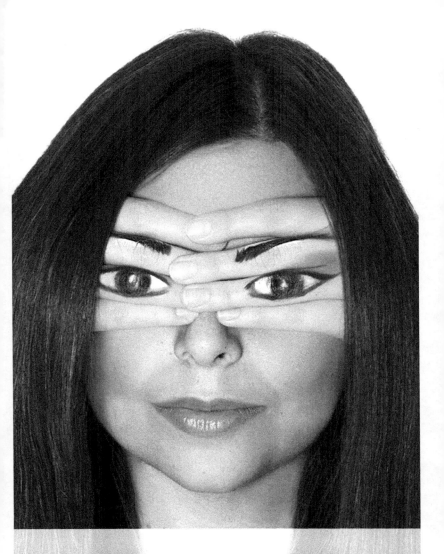

Die Deutsche Nationalbibliothek verzeichnet
diese Publikation in der Deutschen Nationalbibliografie; detaillierte bibliografische Daten sind im
Internet über http://dnb.dnb.de abrufbar.

© 2013 Penelope Anastasia Poetis

Herstellung und Verlag:
BoD – Books on Demand, Norderstedt
ISBN: 978-3-7322-8825-0

Prolog

Hamburg 1980

Mitternacht. Ein junger Mann saß dort in der Dunkelheit, einsam und allein. Nur eine einzelne Straßenlaterne beleuchtete die Szenerie. Obwohl Sommer war, waren die Nächte ziemlich kalt und der junge Mann fror. Außerdem hatte er Angst. Diesen unmöglichen Job als Nachtwächter hätte er niemals annehmen dürfen. Aber es gab gutes Geld dafür, und das Geld kam schnell und in bar. Also harrte er in der Dunkelheit aus. Hin und wieder stand er auf, schlich durch die Reihen der Stände und kontrollierte, ob auch wirklich alles in Ordnung war. Er war nicht besonders groß, schon gar nicht, wenn man ihn mit dem hamburger Durchschnitt verglich. Seine dunklen Haare, deren Locken sonst in alle Himmelsrichtungen abstehen würden, hatte er mit Haargel gebändigt. Mit dunkelbraunen, intelligenten Augen nahm er alles auf, was er sah, und versuchte, die Informationen zu etwas Nützlichem zu verarbeiten.

Er hatte gerade ein Jurastudium in Hamburg begonnen, und Nachtwächter war wirklich der eintönigste und langweiligste Job, den er sich vorstellen konnte. Wenn er sich wenigstens etwas zu lesen mitgenommen hätte! Alles schien ruhig zu sein. Aber der junge Mann kehrte nicht zu seinem Platz zurück. Er sah sich die Stände genauer an. Alte Klamotten und Spielzeug. Sachen, bei denen er sich wunderte, ob überhaupt jemand sie kaufen würde, geschweige denn den Aufwand treiben, sie zu stehlen. Da fiel sein Blick auf einen Stand mit Büchern. Gott sei Dank, dachte sich und ging hinüber, um vielleicht etwas zu finden, womit er sich die Zeit bis zum Morgen vertreiben konnte. Die Bücher schienen alle recht alt zu sein, ihre Seiten waren vergilbt und es roch unverkennbar nach altem Papier. Er stöberte ein wenig, stieß hier auf einen Karl May, dort auf eine gebundene Ausgabe von Goethes „Faust". Schließlich fand er einen alten Sartorius. Sehr gut, dachte er, den kann ich gut für mein Studium gebrauchen. Er zog das Buch zwischen den anderen hervor. Der Einband war schon brüchig und es knackte, als er den Band öffnete. Die Schrift war typische altdeutsche Fraktur. Auf der ersten Seite stand:

Sartorius,
Verfassungs- und Verwaltungsrecht,
Sammlung von Reichsgesetzen,
-Verordnungen und -Erlassen
15. Auflage, 1. April 1944, C. H. Beck

1944. Das war doch sehr viel länger her als erwartet. Neugierig schlug der junge Mann die folgenden Seiten auf, begann zu lesen – und konnte nicht mehr aufhören. Das hier würden sie wohl nie in den Vorlesungen besprechen. Alles, was er bisher über das öffentliche Recht gehört hatte, bezog sich ausschließlich auf das aktuell geltende Grundgesetz. Aber was er hier las, war so entsetzlich, so ungeheuerlich ... er konnte nicht glauben, dass so etwas von Juristen geschrieben worden war. Noch schlimmer, das verwendete Juristendeutsch verschärfte die Abscheulichkeit der hier niedergeschriebenen Gesetze in einem solchen Ausmaß, dass es ihm teilweise schwer fiel, weiterzulesen. Häufig musste er eine Pause machen, aufstehen und sich selbst beruhigen: Heute ist es nicht mehr so, heute ist alles anders. Wir haben aus unseren Fehlern gelernt, wir haben uns verändert.

Trotzdem las er bis zum Morgengrauen weiter. Gegen sieben Uhr tauchte der Besitzer des Standes auf. Der junge Mann ging sofort zu ihm.

„Moin!", sagte er.

„Moin, min Jung. Alles klar, ruhige Nacht gehabt?"

„Ja, war alles in Ordnung. Hören Sie ...", er hob das Buch und deutete darauf. „Kann ich das kaufen?"

Der Buchhändler lächelte. „Na klar, deswegen steht es ja hier. Das macht dann bitte fünf Mark."

Der junge Mann bezahlte und machte sich mit dem Buch auf den Weg nach Hause.

Dreißig Jahre später in München, suchte ich nach einem bestimmten Buch für einen Aufsatz im

Leistungskurs Geschichte. Unser Schrank war bis obenhin voll mit Büchern, aber dasjenige, von dem ich sicher gewesen war, es zu finden, befand sich nicht an der vermuteten Stelle. Also ging ich in das Büro meines Vaters, um es dort zu suchen. Auch hier fand ich es nicht. Stattdessen endlose Reihen juristischer Fachliteratur, darunter viele Bücher aus seiner Hamburger Studienzeit. Dabei fiel mein Blick auf einen Band, der sich mit seinem abgegriffenen Rücken und der Frakturschrift augenfällig von den anderen abhob: Sartorius, Verfassungs- und Verwaltungsrecht, April 1944, C. H. Beck. Interessiert begann ich zu lesen. Und mir stockte der Atem.

1

Gesetz zur Wiederherstellung des Berufsbeamtentums

§ 1. Zur Wiederherstellung eines nationalen Berufsbeamtentums und zur Vereinfachung der Verwaltung können Beamte nach Maßgabe der folgenden Bestimmungen aus dem Amt entlassen werden, auch wenn die nach dem geltenden Recht hierfür erforderlichen Voraussetzungen nicht vorliegen.
(...)

§ 2a. (1) Beamte, die der kommunistischen Partei oder kommunistischen Hilfs- oder Ersatzorganisationen angehört oder sich sonst im kommunistischen Sinne betätigt haben, sind aus dem Dienst zu entlassen. Von der Entlassung kann bei solchen Beamten abgesehen werden, die sich schon vor dem 30. Januar 1933 einer Partei oder einem Verbande, die sich hinter die Regierung der nationalen Erhebung gestellt haben, angeschlossen und sich in der nationalen Bewegung hervorragend bewährt haben.

(2) Zu entlassen sind auch Beamte, die sich in Zukunft im marxistischen (kommunistischen oder sozialdemokratischen) Sinne betätigen. (...)

§ 3. (1) Beamte die nicht arischer Abstammung sind, sind in den Ruhestand zu versetzen; soweit es sich um Ehrenbeamte handelt, sind sie aus dem Amtsverhältnis zu entlassen.
(...)

§ 4. (1) Beamte, die nach ihrer bisherigen politischen Betätigung nicht die Gewähr dafür bieten, daß sie jederzeit rückhaltlos für den nationalsozialistischen Staat eintreten, können aus dem Dienst entlassen werden.
(...)

Aus: Sartorius, Verfassungs- und Verwaltungsrecht, Sammlung von Reichsgesetzen, -verordnungen und -erlassen, 15. Auflage, 1. April 1944, C. H. Beck

Es ist schon seltsam, wie man teilweise über Jahre hinweg bestimmte Tatsachen einfach hinnimmt und sich nie Gedanken über ihren Hintergrund macht. Das erste, was sich mir am Max-Josef-Stift aufgefallen war, waren die Rosen. Vom Eingangstor bis zum Schulportal säumten Rosen den Weg. Im Sommer war der gesamte Vorgarten rosarot; das sah unglaublich schön und einladend aus. Das gelb gestrichene Schulgebäude mit seinem kleinen Turm, in dem sich eine Monduhr befand, unterstrich diese Harmonie des Gartens. Selten hatte ich eine so schöne Schule gesehen.

Der rosengesäumte Weg führte zu einer schweren braunen Holztür mit Eisenbeschlägen, die über wenige Stufen zu erreichen war. Der

Türrahmen bestand aus Marmor. Auf zwei riesigen Marmorsockeln standen ziemlich verloren zwei winzige Blumentöpfe mit vertrockneten Blumen. Ich habe bis heute nicht verstanden, wie man einen so herrlichen Rosengarten pflegen kann und dann zwei so traurige Sträucher auf die Sockel stellt. Über meine gesamte Schulzeit hat sich an diesen Blumentöpfen auch nie etwas geändert. Ob im Sommer oder im Winter, es waren immer dieselben vertrockneten Gewächse.

Das Eingangsportal selbst sah eher abschreckend als einladend aus; es hatte beinahe etwas Bedrohliches an sich. Im Verhältnis zum Schulgebäude war es viel zu groß, und dafür, dass es sich um eine reine Mädchenschule handelte, waren die Türblätter viel zu schwer und zu dick. Eine solche Tür hätte man vielleicht am Haupteingang eines bayerischen Ministeriums erwartet, aber nicht am musischen Mädchengymnasium.

Wenn man durch das Schultor trat, stand man direkt in einer großen Eingangshalle, die von zwei riesigen Marmorsäulen durchschnitten wurde. Auch diese Säulen wirkten völlig fehl am Platz. Ihre Positionierung ließ darauf schließen, dass es sich nicht um tragende Säulen handeln konnte und sie nur zur Zierde dienten. Der Marmor war sehr dunkel; er wollte einfach nicht zu den sandfarbenen Fliesen des Fußbodens passen, und noch viel weniger konnte er die Schönheit des Rosengartens unterstreichen. Außerdem klaffte an den oberen Enden beider Säulen ein größere quadratische Lücke im Marmor, die man nur behelfsmäßig ausgebessert hatte. Ich bin fast sechs Jahre auf diese Schule gegangen, und nie wurden diese Löcher richtig instandgesetzt.

Eine Wand der Eingangshalle war durch einen besonders hässlichen Wandbehang verdeckt. Es dauerte lange, bis ich herausfand, warum jemand etwas so Scheußliches nicht nur kaufen, sondern auch so lange dort hängen lassen konnte.

Wenn man die Halle durchschritt, gelangte man zu einer ausladenden Treppe, die in die oberen Stockwerke führte, wo sich nur Klassenzimmer befanden. Aus der Halle zweigten nach links und rechts Gänge ab, über die man zu weiteren Klassenzimmern kam.

Der hintere Garten der Schule war ebenfalls sorgsam gepflegt und lud im Sommer zum Sonnen auf der Wiese ein. Als Schülerin konnte man sich hier durchaus wohlfühlen.

Das Bemerkenswerte an dieser Schule waren jedoch immer die enormen Kontraste: das erdrückende Eingangsportal und der wunderschöne Rosengarten. Die dunklen Säulen im Eingang und die hellen Klassenzimmer mit den riesigen Fenstern. Der kalte, schroffe Marmor und die lebensfrohen Wandfarben. Immer wenn man meinte, man hätte die kleinen Details schon alle gesehen, tauchten neue auf, die sich nicht sofort einordnen ließen.

Am Anfang habe ich mich über all diese kleinen Eigentümlichkeiten gewundert. Aber wie wahrscheinlich jede Schülerin aus meinem Jahrgang habe ich sie irgendwann einfach hingenommen, ohne nachzufragen. Die Blumentöpfe sahen eben tot aus, und das Eingangstor wirkte nach einiger Zeit schon weniger angsteinflößend. Es war eben einfach das Max-Josef-Stift. Eine Schule für Mädchen mitten in München. Aber wie viele Mädchen waren wohl schon durch dieses Portal geschritten? Und wie hatten sie gelebt? Was hatte sich in ihrer Schulzeit ereignet, und was war später aus ihnen geworden?

1933
Er hatte wieder auf sie gewartet. Wie fast jeden Tag hatte er sich lässig gegen den Brunnen gelehnt und die Minuten gezählt, bis die Schule vorbei sein würde. Es klingelte, und er hob den Blick. Seit einigen Wochen war es immer dasselbe Ritual: Sie kam aus der Schule, lächelte ihn an und ging dann nach Hause, ohne ihn eines weiteren Blickes zu würdigen. Er hätte schon oft die Chance gehabt, sie anzusprechen und mir ihr zu reden, doch bis jetzt hatte ihn immer der Mut verlassen. Aber heute würde das anders sein. Er würde endlich den ersten Schritt tun. Einiges hatte er über sie ja schon in Erfahrung bringen können. Ihr Name war Aurora, und sie besuchte das Mädchenlyzeum Max-Josef-Stift in der Ludwigstraße. Sie war wahrscheinlich in der sechsten Klasse, stand also kurz vor ihrer Mittleren Reife.

Und sie hatte eine abstoßend hässliche beste Freundin; die war fett und untersetzt, hatte mausgraues Haar und Glubschaugen, war ziemlich dumm und hatte zu allem Überfluss eine so schneidende Stimme, dass sie einem in den Ohren wehtat. Er konnte nicht verstehen, was die beiden aneinander fanden. Es gab wohl kaum Menschen, die sich mehr unterschieden.

Aurora stellte das krasse Gegenteil dar. Sie war sehr schlank und ziemlich groß für ein Mädchen. Jede ihrer Bewegungen wirkte anmutig, beinahe königlich, und wer sie sah, war sofort verzaubert. Ihre hellbraunen Haare fielen ihr fast bis zu Taille und umrahmten ein bildschönes Gesicht. Die blaugrünen, unergründlichen Augen, die rosafarbenen Lippen, die hohe Stirn – das alles machte sie in seinen Augen zum schönsten Mädchen, das er kannte.

Das Eingangstor der Schule sprang auf, und ein Strom vollständig schwarz gekleideter Schülerinnen drängte sich auf die Straße. Er wartete. Sie war nie die Erste, die das Schulhaus verließ. Als etwa vierzig Schülerinnen an ihm vorbeigegangen waren, sah er sie. Und natürlich war sie wieder in Begleitung ihrer unsäglichen Freundin, deren Stimme schneidend durch die ganze Straße hallte: „Also heute war Fräulein Schneider ja wieder mal unmöglich angezogen! Ist doch klar, dass ich in Mathe nichts verstehe, wenn sie meine ganze Aufmerksamkeit mit ihren Blumenmustern in Beschlag nimmt."

Er konnte sie nicht ausstehen. Nie war ihm jemand begegnet, den er so unsympathisch fand. Außerdem sorgte sie mit ihrem belanglosen Geratsche dafür, dass Aurora die ganze Zeit zu ihr herunterblickte und ihn so womöglich übersehen würde.

Er suchte Auroras Blick. Die Zeit wurde knapp. Schau hoch, los, schau hoch!

Als sie schon beinahe an ihm vorbeigelaufen war, sah sie kurz hoch, fing seinen Blick auf und lächelte. Nur ganz kurz, dann wandte sie sich wieder ihrer Freundin zu und verschwand mit ihr um die Ecke. Dieser kurze Augenblick hatte wieder Schmetterlinge in seinem Bauch freigesetzt, von denen er nie geglaubt hätte, dass es sie gab. Es konnte doch nicht sein, dass ihn ein Mädchen mit nur einem Blick so aus der Fassung bringen konnte! Einige Minuten lang starrte er noch die Ecke an, hinter der sie verschwunden war. Jetzt hatte er es in der Hand. Er musste sich zusammenreißen. Er stieß sich vom Brunnen ab und ging den beiden Mädchen langsam hinterher.

Oh Gott, der steht ja schon wieder da! Das gibt's doch gar nicht. Was will er denn von mir? Aurora hatte ihn wieder sofort nach Verlassen des Schulgebäudes gesehen. Er stand da seit mindestens drei Monaten jeden Tag, wartete offenbar darauf, dass sie ihn entdeckte und anlächelte, und ging dann wieder, ohne jemals ein Wort zu sagen, geschweige denn ihr zu erklären, warum er sich so verhielt und was er von ihr erwartete. Anfangs hatte sie gedacht, er sei der ältere Bruder eines der Mädchen und wolle nur seine Schwester abholen. Er ging jedoch nie, ohne sie gesehen zu haben, und wartete auch mal eine halbe Stunde, wenn sie noch etwas mit Lehrern besprechen musste oder anderweitig aufgehalten wurde. Dass keines der Mädchen seine Schwester war, hatte sie auch schnell begriffen: Seine Augen suchten nur sie und niemanden sonst.

Auch Erika hatte den jungen Mann und sein Verhalten längst bemerkt. Und es gefiel ihr ganz und gar nicht. Immer wieder redete sie auf Aurora ein, dass sich nur ein Verrückter so benehmen würde und sie gut daran täte, ihn einfach zu ignorieren. Niemand, meinte Erika, würde jeden Tag auf ein Schulmädchen warten, ohne einen schrecklichen Hintergedanken zu haben. Amüsant war aber zu beobachten, wie sich Erika selbst immer aufspielte, wenn sie die Schule verließen, und demonstrativ laut ein Gespräch mit Aurora anfing. Ihr war längst bewusst, dass sie selber hoffte, der junge Mann würde sie beachten. Es war aber offensichtlich, dass er sich allein für Aurora interessierte. Nie wandte er den Blick von ihr, und wäre Erikas Auftreten nicht so auffällig gewesen, hätte er sie nicht einmal bemerkt, so sehr war er auf Aurora fixiert.

Auch die empfand Verwirrung über sein merkwürdiges Verhalten. Einerseits konnte sie sich nicht vorstellen, dass jemand, der noch ganz normal war, jeden Tag auf sie warten würde, nur um sie gesehen zu haben, sei es bei Regen, Sturm oder Schnee. Andererseits fühlte sie sich davon sehr geschmeichelt. In ihrer Vorstellung war er ein aufrichtiger junger Mann, der sich einfach nur Hals über Kopf in sie verliebt hatte und in den sie sich womöglich auch verlieben könnte. Aber was wusste sie schon? Diese Unklarheit machte sie fertig. Ihr war einfach nicht klar, wie sie sich dazu stellen sollte. Da es ihr am einfachsten erschien, versuchte sie ihn zu ignorieren, so gut es ging. Aber inzwischen war sein Verhalten fast zu einer Last geworden, vor allem die Tatsache, dass er sich einfach nicht traute, sie endlich anzusprechen und wenigstens nach ihrem Namen zu fragen.

An der Schule war er schon lange das Gesprächsthema Nummer eins. Natürlich hatten alle Schülerinnen den hübschen jungen Mann bemerkt und fragten sich, welches Mädchen er sich wohl ausgeguckt hatte. Erika hatte es sich nicht nehmen lassen, im ganzen Schulhaus herumzuposaunen, dass er anscheinend ein Auge auf Aurora geworfen habe, und seitdem stand diese unter scharfer Beobachtung aller Schülerinnen von der ersten bis zur sechsten Klasse. Wäre er nicht so auf sie fixiert gewesen, hätte der junge Mann wohl längst bemerkt, dass alle Schülerinnen ihn anstarrten und zu tuscheln anfingen, wenn sie an ihm vorbeigingen, und dass sie sich auffällig oft zu ihm umdrehten, während er auf

Aurora wartete. Auch die Lehrer waren inzwischen auf ihn aufmerksam geworden und im Lehrerkollegium wurden Stimmen laut, die die Ehrenhaftigkeit der Schule durch dieses Verhalten gefährdet sahen. Doch noch unternahm niemand etwas.

Auch heute stand er wieder am Brunnen und wie jedes Mal fingen alle Mädchen an, über ihn zu reden. Allerdings kam Aurora nicht umhin festzustellen, dass er heute besonders gut aussah. Er musste um die zwei Jahre älter sein als sie – also wahrscheinlich 18 – und hatte vielleicht gerade eine Ausbildung begonnen. Sein dunkelblondes, wildes Haar hatte er mit etwas Pomade zu bändigen versucht, was ihm aber auch heute wieder misslungen war. Das gab ihm den Anschein eines Lausbuben. Er hatte stahlblaue Augen und nur den Ansatz eines Bartes, den er aber offensichtlich sehr sorgfältig rasierte. Schon von weitem konnte man ihn als sportlichen Typ erkennen. Er war sehr groß, hatte breite Schultern und schmale Hüften und lehnte meist lässig mit verschränkten Armen und hochgekrempelten Ärmeln am Brunnen. Doch obwohl er gut aussah und das sicherlich auch wusste, traute er sich einfach nicht, auf Aurora zuzugehen. Sie wiederum stand unter Beobachtung der gesamten Schule, also würde sie bestimmt nicht den ersten Schritt machen. Eigentlich war es ein Wunder, dass man ihre Eltern nicht längst von diesen Vorgängen unterrichtet hatte.

Aurora und Erika machten sich auf den Weg nach Hause. Jetzt, wo der Brunnen außer Sichtweite lag, hatte sich Erika wieder beruhigt und sprach in normaler Lautstärke und Tonhöhe. Sie wohnten beide in Schwabing und konnten daher zu Fuß heimlaufen. Früher waren sie Nachbarinnen gewesen, und ihre Freundschaft bestand auch schon seit einer kleinen Ewigkeit. Allerdings war Erika mit ihrer Familie vor kurzem in eine etwas größere Wohnung umgezogen; ihre kleinen Geschwister waren gewachsen und benötigten nun mehr Platz für sich.

Nach einem kurzen Spaziergang durch das frühsommerliche München waren die beiden an Erikas Wohnhaus angekommen und verabschiedeten sich voneinander. Sie würden heute beide noch viel für die morgige Mathearbeit lernen müssen und hatten deshalb keine Zeit, noch gemeinsam etwas zu unternehmen, wie sie es sonst taten.

Erikas jüngere Schwester Marita und ihre Freundin Linda verließen ebenfalls gemeinsam die Schule. Die beiden Mädchen besuchten die zweite Klasse des Stifts und hatten sich inzwischen schon gut eingelebt. Auch sie machten sich gerade auf den Weg nachhause, als sie den feschen jungen Mann, der sich offensichtlich in Aurora verliebt hatte, entdeckten. Bei seinem Anblick mussten sie beide anfangen zu kichern.

„So ein Knallkopf!", prustete Linda.

„Der ist doch nicht mehr ganz sauber", entgegnete Marita. „Was will er denn damit bewirken? Soll sie sich allein in seinen Anblick verlieben und dann auf ihn zustürmen, ‚ich liebe dich, du schöner Unbekannter'?"

Beide bogen sich vor Lachen. „Also, eigentlich ist das doch romantisch", gluckste Linda. „Ich möchte auch gerne mal jemanden treffen, der sich so vollendet an einen Brunnen lehnen kann." So witzelten sie noch den gesamten Heimweg.

Er war Aurora gefolgt und sah gerade noch, wie Erika die Stufen zu ihrem Wohnhaus hochstieg und Aurora etwas hinterherrief, das er nicht verstand. Zum Glück ging Aurora zu sich nach Hause. Oft hatte er gesehen, wie die beiden Mädchen gleich nach der Schule noch etwas gemeinsam unternahmen. Aber heute sollte ihm das Schicksal in die Hände spielen. Er ging schneller, rannte fast, um Aurora noch einzuholen, bevor sie ihre Haustür erreicht hatte. Das war seine Chance. Das konnte er nicht vermasseln. Heute nicht.

Aurora hörte Schritte hinter sich, die rasch näher kamen. Völlig in Gedanken versunken orientierte sie sich weiter zur rechten Seite des Gehwegs hin, um dem herannahenden Fußgänger Platz zu machen.

„Hallo", sagte eine männliche Stimme und schreckte sie aus ihren Gedanken. Sie blickte hoch auf den Mann, der nun neben ihr ging, und erkannte ihren Beobachter. Er war ihr gefolgt!

Ein Sturm von Angst und Euphorie durchströmte ihren Körper. Was wollte er von ihr? War er verrückt? Oder nur verrückt nach ihr? Sie wusste nicht, was sie denken sollte, sie war völlig überrumpelt. Er war hier. Und er sprach mit ihr. Ohne es zu bemerken, war sie stehen geblieben. Viel zu spät, um ihre Verlegenheit noch überspielen zu können, antwortete sie sanft und sehr leise: „Hallo."

Erika betrat ihr Wohnhaus und hörte schon vom Erdgeschoss den Lärm, den ihre Geschwister wieder einmal machten. In der neuen, geräumigen Dachgeschosswohnung hatte sie wenigstens ihr eigenes – wenn auch sehr kleines – Zimmer und musste sich nicht ständig mit ihrer jüngeren Schwester herumplagen. Sie waren eine sehr große Familie. Erika hatte noch zwei ältere Brüder, die inzwischen aber nicht mehr zu Hause lebten. Allerdings erwies es sich für Hannes, den zweitältesten, als äußerst schwierig, eine Anstellung zu finden. Er hatte gerade die Schule am Luitpold-Gymnasium abgeschlossen und suchte nun nach einer Ausbildungsstätte. Alle Ausbildungsplätze, die ihn interessierten, waren jedoch schon vergeben. Deshalb hatte er München verlassen und war nun unterwegs nach Norden, um eine Stelle zu finden. Alle paar Monate schickte er einen Brief, weshalb die Familie nie genau wusste, wo er sich gerade aufhielt. Es stand für ihn definitiv nicht an erster Stelle, seine Angehörigen über seine Pläne zu informieren.

    Erikas ältester Bruder Jakob hatte in der Nähe von Possenhofen eine Stellung gefunden. Auch von ihm hörten sie nur selten. Eigentlich kam er nur zu Weihnachten und zum Geburtstag ihrer Mutter heim. Somit war Erika nun die Älteste im Haus und trug für ihre Geschwister die Verantwortung. Weil ihre Mutter als Sekretärin arbeitete, unterstützte Erika die Kleineren bei ihren Hausaufgaben, kochte für sie zu Mittag und versuchte die Wohnung einigermaßen in Ordnung zu halten, bevor ihre Eltern abends eintrudelten.

    Sie schloss die Tür auf. Der Lärm verriet ihr schon, was sie erwarten würde, aber sie war dann doch entsetzt darüber, welches Durcheinander ihre kleineren Brüder in der Wohnung angerichtet hatten. Überall lagen Schulbücher und Hefte auf dem Fußboden verstreut, und sie sah gerade noch, wie der siebenjährige Klaus rittlings auf dem sechsjährigen Jonas saß und ihm mit aller Kraft sein Mathebuch um die Ohren schlug. Ihre elfjährige Schwester Marita saß amüsiert in der Ecke und feuerte die beiden an.

    „Sofort aufhören!", schrie Erika. Ihre schrille Stimme fand umgehend Gehör und ihre Brüder erstarrten in ihrer Kampfhandlung.

    „Was soll das denn?", fragte Erika wütend und versuchte, beim Schließen der Tür nicht auf die Hefte zu treten. Beide sprangen auf. Seit Erika sie einmal mit einem Besenstiel verprügelt hatte, wagten sie es nicht mehr, sie zu ignorieren.

Leider war es in ihrer Familie gang und gäbe, Frauen nicht allzu ernst zu nehmen. Die Männer hatten das Sagen, und Erika hatte sich längst damit abgefunden. Anders kannte sie es ja nicht. Als die beiden Jungen aber einmal die Wohnung förmlich auseinandergenommen hatten, der geballte Zorn ihrer Eltern darüber nur sie traf und ihre Brüder ungestraft aus der Sache herauskamen, hatte sie die nächste Gelegenheit genutzt, sie beide dafür büßen zu lassen. Natürlich hatten sie Erika sofort bei den Eltern verpetzt. Allerdings hatte der Vater nur lachen müssen und den Jungen erklärt, dass die Schläge von Erika gar nicht wehgetan haben könnten, weil sie ja eine Frau sei. Da war ihr die patriarchalische Gesinnung ihres Vaters endlich einmal zugutegekommen.

Jonas und Klaus lagen noch immer auf dem Boden, als Erika Jacke und Tasche abgelegt hatte.

„Was macht ihr da überhaupt?"

Beide sprangen auf und begannen gleichzeitig, wild auf sie einzureden. Sie tat so, als würde sie zuhören. Im Grunde war es ihr egal; sie wollte die beiden nur dazu verpflichten, das Chaos selbst zu beseitigen. Sie konnte und wollte nicht immer hinter ihnen herräumen.

Als Jonas und Klaus beide ihre Geschichten beendet hatten, setzte sie ihren strengsten Blick auf und stemmte die Fäuste in die Hüften: „Ihr beiden räumt hier sofort auf! Und sorgt dafür, dass ihr auch selber wieder anständig aussieht, und zwar in eiserner Stille! Wenn ich auch nur einen Mucks von euch höre, mach ich euch das Leben hier zur Hölle!"

Die beiden stöhnten auf, und Jonas wollte gerade anfangen zu protestieren, als Erika den Zeigefinger hob und sagte: „In eiserner Stille, war die Anweisung! Also seid gefälligst leise! Alle beide!"

Klaus lachte: „Du bist ein Mädchen. Und wir sind Männer. Du hast uns überhaupt nichts zu sagen!" Danach setzte er ein überlegenes Lächeln auf, als könnte nichts, was Erika ihm sagte, irgendetwas Sinnvolles bedeuten. Erika zählte in Gedanken bis zehn, um ihm nicht gleich eine zu kleben. Diese Parolen übernahm er eins zu eins von ihrem Vater oder ihren älteren Brüdern, wenn diese mal im Haus waren. Es machte sie wahnsinnig, dass ein Siebenjähriger überhaupt so mit ihr sprach.

„Das Thema hatten wir schon mal. Und wie ihr gesehen habt, bin ich mir nicht zu schade, euch zurechtzustutzen. Wenn ihr also nicht tut, was ich euch sage, verhau ich euch noch schlimmer als letztes Mal! Verstanden?"

Jonas starrte sie aus weit aufgerissenen Augen an. „Das würdest du nicht tun!"

„Warum denn nicht?", entgegnete Erika. „Mir hat's Spaß gemacht und Ärger hatte ich danach auch keinen. Ihr werdet also gehorchen!"

In diesem Moment hassten beide Jungen sie, das wusste Erika. Es kümmerte sie aber nicht; sie war froh, die beiden im Moment noch einigermaßen unter Kontrolle zu haben. Das würde sich wahrscheinlich recht schnell ändern, sobald beide größer und stärker waren und Erika sie mit ein paar Schlägen nur noch wenig beeindrucken konnte. Es graute ihr bei der Vorstellung, so zum Spielball ihrer jüngeren Brüder zu werden. Aber dann schüttelte sie den Gedanken ab. Bis dahin war sie ja vielleicht längst ganz woanders und musste sich über so etwas keine Gedanken mehr machen.

Sie ging in die Küche. Die Wohnung war spießig und alltäglich eingerichtet, aber gerade das gefiel ihr. Mit auffälligen oder ausgefallenen Dingen konnte sie eher wenig anfangen. Auch sie selber hielt sich lieber bedeckt und erregte ungern Aufsehen. Ganz anders als Aurora, die war ein auffälliger Typ. Sie traute sich auch mal was und hatte nichts gegen Abenteuer. Und nun hatte sie sich auch noch diesen Mann angehext. Erika konnte das Gefühl, das sein Anblick in ihr auslöste, nicht so recht einordnen. Einerseits war sie selten einem so gut aussehenden Mann begegnet, und sie hätte überhaupt nichts dagegen gehabt, mal mit ihm zu ratschen. Anderseits hasste sie ihn dafür, dass er sie völlig ignorierte. Er sah sie nicht einmal an! Sie hasste dann auch Aurora dafür, dass sie so anders war als sie selbst und dass der junge Mann nur Augen für sie hatte. Am liebsten würde sie ihre Freundin die Treppe herunterstoßen, wenn sie daran dachte. Sie war doch auch nicht hässlich! Klar, Aurora sah gut aus, aber doch nicht so viel besser als sie selbst. Und zugegeben, Aurora war auch in der Schule besser als sie, aber das hatte nichts mit Intelligenz zu tun.

Erika selbst empfand sich als sehr intelligent. Sie konnte auch immer etwas zum Unterricht beitragen. Und wenn ihr Vater mit anderen Männern diskutierte, konnte sie dem Gespräch ohne große Schwierigkeiten folgen. Außerdem konnte sie kochen und wusste, wann sie reden durfte und wann nicht. Das qualifizierte sie doch wohl zur perfekten Frau. Ihr Vater selbst sagte immer wieder, dass es keine bessere Frau gebe als eine, die schweigend kochen könne. Und das konnte sie richtig gut! Mathe half einem in solchen Belangen ja wohl weniger, und auch andere mütterliche Pflichten wurden nicht besser erledigt, nur weil man Biologie verstanden hatte.

Sie nahm einen Topf aus dem Schrank und begann ihn mit Wasser zu füllen. Zum Abendessen würde sie eine Gemüsesuppe kochen. Schweigend.

Zwei Wochen später waren Erika und Marita gemeinsam auf dem Weg zur Schule. Für gewöhnlich gingen sie nicht zusammen. Sie waren nicht sonderlich gut befreundet, obwohl sie Schwestern waren. Allerdings lagen auch fast fünf Jahre zwischen ihnen. Während Erika wie Aurora die sechste Klasse des Lyzeums besuchte, war Marita erst elf und ging in die zweite Klasse.

Obwohl es Mitte Mai war, war es ein ausgesprochen kalter Tag. Die beiden sprachen die ganze Zeit nicht ein Wort miteinander, waren in Gedanken versunken und liefen wie ferngesteuert in Richtung Schule.

Aurora war schon seit zwei Wochen nicht mehr gemeinsam mit Erika zur Schule gegangen. Sie hatte eine lausige Ausrede erfunden, von wegen sie wolle schon früher dort sein, um sich in der halben Stunde vor Unterrichtsbeginn gezielt auf ihre Prüfungen vorzubereiten. Aber Erika wusste längst, dass Sebastian sie jeden Tag zu Hause abholte, zur Schule brachte und sie nach dem Unterricht wieder nach Hause begleitete. Das störte sie gewaltig. Immerhin waren sie jahrelang beste Freundinnen gewesen und hatten sich alles erzählt, und jetzt begann Aurora mit dieser elenden Geheimniskrämerei. Erika war beleidigt. Wäre Aurora doch wenigstens so schlau gewesen, sich eine gute Ausrede einfallen zu lassen! Aber nein. Erika musste wilde Geschichten von Hausaufgabenstress und Streitigkeiten mit den Eltern über sich ergehen lassen, die es Aurora angeblich verboten, Zeit mit ihr zu verbringen. Warum konnte Aurora ihr nicht einfach die Wahrheit sagen und zugeben, dass sie nur Zeit mit ihrem lieben Sebastian verbringen wollte? Erika kannte seinen Namen nur, weil er Aurora einmal herausgerutscht war. Da war sie furchtbar rot geworden, und Erika hatte eins und eins zusammengezählt.

Sie hasste diese Situation. Eigentlich hätte sie

selber einen Verehrer verdient, nicht diese dumme Pute, die doch nichts anderes konnte als rechnen.

Marita hingegen hing ihren ganz eigenen Gedanken nach. Sie hatte wieder ihre Französisch-Hausaufgaben nicht erledigt, und das würde sicher viel Ärger und einen Eintrag ins Klassenbuch bedeuten. Aber gestern hatte sie einfach keine Zeit gehabt. Sie hatte sich nicht davon losreißen können, ihre Eltern zu belauschen, die hitzig über den neuen Reichskanzler, Herrn Hitler, diskutiert hatten. Wobei „Diskutieren" im herkömmlichen Sinn das falsche Wort war. Eigentlich hatte ihr Vater nur wild auf ihre Mutter eingeredet, und immer wenn diese etwas sagen wollte, war er ihr lautstark über den Mund gefahren.

Marita hörte gern den Männern zu, wenn sie diskutierten. Sie war ganz anders als Erika. Die hatte es sich besonders in den letzten Monaten zum Ziel gesetzt, eine perfekte Hausfrau zu werden. Marita fand das furchtbar langweilig, und so nutzte sie jede Gelegenheit, mit ihrem Vater zu ratschen. Auch wenn diese Gespräche meist nur kurz waren, machten sie ihr doch immer Spaß. Jedenfalls hatte sie gestern den Ausführungen ihres Vaters gelauscht, und demnach musste dieser Hitler schon gut sein. Zumindest besser als all die Deppen vor ihm. Offensichtlich verfolgte er das Ziel, dass jeder eine Arbeitsstelle erhalten sollte. Und wie Maritas Vater sagte, wäre das eine großartige Sache für die beiden älteren Brüder und auch für Erika, sobald sie aus der Schule entlassen wurde.

Ihre Mutter hatte angemerkt, dass Hitler in seinem Parteiprogramm an einigen Stellen doch etwas harsch und übermütig sei. Da hatte der Vater sie aber niedergeputzt! Marita jedoch hatte ihre rechte Freude daran. Wenn sie mit ihrem Vater sprach, machte er sie nie so herunter und verbot ihr auch nie den Mund. Ihr hörte er bis zu einem gewissen Punkt gerne zu. Aber diesen Punkt durfte sie auch nicht überschreiten. Solange sie das nicht tat, gab er ihr das Gefühl, dass er sie für etwas Besonderes hielt, auf jeden Fall für besonderer als Erika oder ihre Mutter. Das gefiel ihr.

Es hätte kaum zwei verschiedenere Menschen geben können als Marita und Erika. Wer nicht wusste, dass sie Schwestern waren, wäre nie von allein darauf gekommen. Zum einen ähnelten sie sich äußerlich überhaupt nicht; während Erika stämmig und klein war, ließ sich schon jetzt absehen, dass Marita sie irgendwann sicherlich um einen Kopf überragen würde. Sie hatte lange, gazellenhafte Beine, warme braune Augen, die immer ein gewisses Funkeln zeigten, ein unwiderstehlich charmantes Lächeln und braune Haare. Aber auch der Charakter der beiden war grundverschieden, und so konnte es kaum überraschen, dass sie einander nicht besonders mochten. Marita genoss es deshalb sehr, dass ihr Vater sie offensichtlich gegenüber Erika bevorzugte.

Sie achtete nicht darauf, wie ihre Schritte sie automatisch bis zur Schule trugen. Bei irgendwem würde sie noch schnell die Hausaufgabe abschreiben müssen.

Aurora stand vor dem Schultor und wartete auf Erika. Sie wollte ihr nun doch von Sebastian erzählen, denn sie konnte das Geheimnis einfach nicht länger für sich behalten. Dass das, was sie tat, furchtbar unsittlich war, störte sie wenig. Außerdem hatten Sebastian und sie nur ein paar Stunden vor und nach der Schule miteinander verbracht und sich inzwischen schon ziemlich gut kennen gelernt. Ihren Eltern konnte sie auf keinen Fall davon erzählen, das würde riesigen Ärger geben. Aber mit irgendjemandem musste sie reden. Sie musste von all den schönen Komplimenten erzählen, die Sebastian ihr gemacht hatte, und von der Art, wie er mit ihr umging. Sie war gerade erst sechzehn geworden, aber er behandelte sie wie eine Frau, brachte ihr Blumen und vergötterte sie geradezu. Das gefiel ihr, auch wenn sie wusste, dass es ein Spiel mit dem Feuer war. Ein kalter Windstoß erfasste ihren Rock und ließ sie frösteln. Wie gebannt starrte sie in die Richtung, aus der Erika kommen würde. Schülerinnen gingen lachend und schwatzend an ihr vorbei ins Schulhaus. Einige tuschelten über sie, denn sie hatten längst gemerkt, dass Aurora immer vor allen anderen im Schulhaus war und, ganz entgegen ihrer Gewohnheit, nicht mehr mit Erika gemeinsam nach Hause ging.

Endlich bog Erika um die Ecke, und zu ihrer Überraschung sah sie Marita neben ihr her trotten. Die beiden mochten sich nicht sonderlich, das wusste Aurora, und es war geradezu ungewöhnlich, dass sie sich nicht die ganze Zeit anfauchten. Aber als sie Erikas Gesicht sah, erkannte sie deren abgrundtief schlechte Laune. Die negative Aura um sie herum war förmlich zu spüren. Also war heute wohl doch nicht der Tag. Heute konnte sie Erika unmöglich von Sebastian und sich erzählen. Sie würde sich eine Ausrede einfallen lassen müssen, warum sie draußen auf Erika gewartet hatte. Wieder eine Ausrede.

Erika erreichte schließlich das Schulportal und grüßte kalt in Auroras Richtung. Diese begann mit ihr ein belangloses Gespräch über ein Problem, das sie bei dem Deutschaufsatz gehabt habe und das sie dringend mit Erika besprechen müsse. Und wieder spürte Erika genau, dass dieser Anlass nur vorgeschoben war. Aurora hatte offensichtlich etwas anderes von ihr gewollt. Beide wussten, dass Aurora viel zu gut in der Schule war, um bei Erika Rat zu suchen.

Marita war längst gemeinsam mit ihren Freundinnen verschwunden, und auch Erika und Aurora machten sich auf den Weg zu ihrem Klassenzimmer. Während Aurora unentwegt ihr erfundenes Problem beschrieb, nickte Erika scheinbar verständnisvoll und warf ab und zu ein „ja" oder „vielleicht" ein, wo es ihr angebracht erschien. Zum Glück läutete bald die Schulglocke und Aurora wurde in ihrer Lügerei unterbrochen. Aber dieses aufgesetzt freundliche Getue und dieses erlogene Problem machten Erika noch wütender, als sie ohnehin schon war. Also atmete sie ein paar Mal tief durch und versuchte, Aurora einfach nicht mehr zu beachten.

Sie hörte, wie die Tür aufging und Fräulein Schneider eintrat. Sie bekam einen Schreck, als sie bemerkte, wie abgerissen die sonst so ordentliche Lehrerin aussah. Offensichtlich hatte sie geweint, denn sie betrat mit völlig verquollenen Augen und vom häufigen Putzen geröteter Nase das Klassenzimmer. Alle starrten sie an und warteten auf eine Erklärung. Aber Fräulein Schneider räusperte sich nur, drehte sich zur Tafel und begann einige Schlagworte anzuschreiben, die sie im folgenden Deutschunterricht genauer erläutern wollte. Sie drehte sich wieder zur Klasse und begann mit leicht brüchiger und zitternder Stimme den Unterricht. Gerade hatte sie das erste Stilmittel erläutert, als Hanna sich meldete. „Ja bitte", erteilte Fräulein Schneider ihr das Wort.

„Fräulein Schneider, bitte entschuldigen Sie diese direkte Frage, aber ist etwas Schlimmes passiert?" „Nein, nichts." Ihre Stimme brach und ihre Augen füllten sich mit Tränen. Alle starrten sie an.

„Aber Fräulein Schneider, irgendetwas haben Sie doch?", fragte Hanna erneut.

„Nun ja", schluchzte Fräulein Schneider. „Ich dürfte eigentlich nicht darüber reden, aber ich habe heute erfahren, dass unsere langjährige Kollegin und Mentorin Frau Rauch nach 32 Jahren am Max-Josef-Stift entlassen worden ist."

Die Nachricht traf sie alle wie ein Schlag. Frau Rauch war so etwas wie eine Institution an der Schule. Aurora meldete sich, begann aber zu sprechen, ohne aufgerufen worden zu sein: „Aber warum das denn?"

Fräulein Schneider atmete tief durch und versuchte sich zu beruhigen. „Ihr habt sicher alle von dem Gesetz zur Wiederherstellung des Berufsbeamtentums gehört?", fragte sie. Ihre Stimme brach noch immer bei jedem zweitem Wort. Erika hatte noch nie davon gehört. Wo bekam man denn so eine Information her? Sie sah ihre Mitschülerinnen an und war beinahe erleichtert, dass sie rundum in fragende Gesichter blickte. Auch Fräulein Schneider merkte, dass niemand in ihrer Klasse jemals von einem solchen Gesetz gehört hatte.

„Das Gesetz besagt, dass Beamte, die nicht geschlossen zu unserem neuen Reichskanzler und zum Nationalsozialismus stehen, entlassen werden können. Unsere geliebte Frau Rauch wurde entlassen, weil sie aktives Mitglied der KPD ist."

Sie schniefte noch einmal laut. Erika begriff das nicht. Sie hatte verstanden, dass Frau Rauch entlassen worden war. Sie hatte auch verstanden, dass es daran lag, dass Frau Rauch dem neuen Regime offensichtlich nicht treu dienen wollte, sonst wäre sie ja nicht Mitglied der KPD gewesen. Sie konnte aber nicht verstehen, warum Fräulein Schneider so aufgelöst war. Die konnte doch froh sein, dass sie selbst noch als Lehrerin arbeiten durfte. Auch einige andere Mädchen in ihrer Klasse hatten Tränen in den Augen. Spinnen die denn alle?, fragte sich Erika. Das war doch kein Grund zum Heulen. Sie hatte Frau Rauch schon auch gemocht, aber es war ihr völlig egal, ob die hier noch weiter arbeitete oder nicht.

Auch Aurora wirkte schockiert. Erika hätte sie am liebsten höhnisch gefragt, ob sie wirklich so empfand oder auch dieses Gefühl nur wieder vorgaukelte. Blöde Aurora mit ihrem blöden Sebastian. Und blödes Fräulein Schneider, die einfach nicht die Klappe halten und ihre Arbeit machen konnte, sondern sie mit so belanglosem Zeug belästigen musste. Frau Rauch hatte es sicherlich verdient rauszufliegen, sonst wäre es ja nicht so gekommen. So. Punkt, aus.

Einige Mädchen stellten noch ein paar Fragen. Manche mutmaßten, ob wohl noch mehr Lehrer ihres Amtes enthoben werden würden. Andere wiederum begannen zu fragen, was Frau Rauch denn nun tun könne und ob es eine Abschiedsfeier für sie geben werde. Einige begannen sogar schon darüber nachzudenken, ob sie ein Geschenk basteln oder einen Kuchen backen sollten. Da wurde es Erika zu bunt. „Es gibt sicherlich einen Grund dafür, dass Frau Rauch gekündigt wurde!", schrie sie mit schriller Stimme ins Klassenzimmer. „Und für solche Leute gibt es nie ein Abschiedsfest, weil es keine traurige Angelegenheit ist!"

Sie bemerkte, wie verwundert Aurora sie ansah, aber das machte sie nur noch wütender. Sie atmete tief ein und wandte sich an Fräulein Schneider. „Können wir jetzt bitte mit dem Unterricht weitermachen?"

Fräulein Schneider entgegnete nur trocken: „natürlich", und Erika wandte sich ihrem Heft zu. So konnte sie nicht sehen, wie sich der Blick von Fräulein Schneider an ihr festheftete und sie kritisch eine Augenbraue hob. Sie registrierte auch nicht, wie entsetzt einige ihrer Mitschülerinnen sie ansahen. Und ebenso entging ihr, dass Aurora beschlossen hatte, ihr erst einmal nichts Persönliches mehr zu erzählen.

2

Erste Verordnung zum Reichsbürgergesetz

(...)

§ 1. (1) Bis zum Erlass weiterer Vorschriften über den Reichsbürgerbrief gelten vorläufig als Reichsbürger die Staatsbürger deutschen oder artverwandten Blutes, die beim Inkrafttreten des Reichsbürgergesetzes das Reichstagswahlrecht besessen haben, oder denen der Reichsminister des Inneren im Einvernehmen mit dem Stellvertreter des Führers das vorläufige Reichsbürgerrecht verleiht.

(2) Der Reichsminister des Innern kann im Einvernehmen mit dem Stellvertreter des Führers das vorläufige Bürgerrecht entziehen.

§ 2. (1) Die Vorschriften des § 1 gelten auch für die Staatsangehörigen jüdischer Mischlinge.

(2) Jüdischer Mischling ist, wer von einem oder zwei der Rasse nach jüdischen Großelternteilen abstammt, sofern er nicht nach § 5 Abs. 2 als Jude gilt. Als volljüdisch gilt ein Großelternteil ohne weiteres, wenn es der jüdischen Religionsgemeinschaft angehört hat.

§ 3. Nur der Reichsbürger kann als Träger der vollen politischen Rechte das Stimmrecht in politischen Angelegenheiten ausüben und ein öffentliches Amt bekleiden. (...)

§ 4. (1) Ein Jude kann nicht Reichsbürger sein. Ihm steht ein Stimmrecht in politischen Angelegenheiten nicht zu; er kann ein öffentliches Amt nicht bekleiden.

(2) Jüdische Beamte treten mit Ablauf des 31. Dezember 1935 in den Ruhestand.
(...)

§ 5. (1) Jude ist, wer von mindestens drei der Rasse nach volljüdischen Großeltern abstammt. § 2 Abs. 2 Satz 2 findet Anwendung.

(2) Als Jude gilt auch der von zwei volljüdischen Großeltern abstammende jüdische Mischling,
a) der bei Erlaß des Gesetzes der jüdischen Religionsgemeinschaft angehört hat oder danach in sie aufgenommen wird,
b) der beim Erlaß des Gesetzes mit einem Juden verheiratet war oder sich danach mit einem solchen verheiratet,
c) der aus einer Ehe mit einem Juden im Sinne des Absatzes 1 stammt, die nach dem Inkrafttreten des Gesetzes zum Schutze des deutschen Blutes und der deutschen Ehre vom 15. September 1935 (...) geschlossen ist,

d) der aus dem außerehelichen Verkehr mit einem Juden im Sinne des Absatzes 1 stammt und nach dem 31. Juli 1936 außerehelich geboren wird.

(...)

Aus: Sartorius, Verfassungs- und Verwaltungsrecht, Sammlung von Reichsgesetzen, -verordnungen und -erlassen, 15. Auflage, 1. April 1944, C. H. Beck

Ich weiß selbst nicht mehr genau warum, aber schon im Alter von etwa acht Jahren hatte ich begonnen, mich für das umfassende Thema Geschichte zu interessieren und zu begeistern. Ich glaube, es lag daran, dass ich damals mein erstes griechisches Sagenbuch für Kinder in die Hände bekommen hatte und mich so lebhaft in diese Welt hineinversetzen konnte, dass ich von da an alles über die gesamte Antike lernen wollte. Später habe ich einen historischen Roman über das Mittelalter gelesen, dann einen über Napoleon, dann einen über die neue Geschichte, und so habe ich mir das Thema ganz spielerisch erlesen. Weil ich so begeistert war und meine Laienkenntnisse vertiefen wollte, habe ich mich damals in der Kollegstufe entschieden, Geschichte als Leistungskurs zu belegen. Ob dies die beste Wahl war, ist sicherlich Ansichtssache, aber ich hätte vieles nicht erlebt, wenn ich mich anders entschieden hätte.

Zu Beginn des Schuljahres in der zwölften Klasse wurden wir von meiner damaligen Lehrerin am Max-Josef-Stift gefragt, ob wir als geschichtlich Interessierte nicht Lust hätten, im schuleigenen Archiv mitzuarbeiten. Da wir diese Idee allesamt großartig fanden, hatten wir die Teilnahme an der Archivarbeit für obligatorisch erklärt, und so mussten alle ran.

Wenig später merkten wir, was wir uns eingebrockt hatten, denn das Archiv war bis dato im Keller des Hauses untergebracht gewesen. Weil aber im ersten Stock ein Raum dafür frei geworden war, natürlich viel schöner als das bisherige Kellerloch, mussten wir kistenweise Dokumente und schwere Bücher dorthin schleppen, wieder nach unten laufen und weiter schleppen. Nachdem wir alle Dokumente nach oben geschafft hatten, versuchten wir sie sinnvoll in den Schrank einzusortieren. Das stellte sich aber schnell als unmöglich heraus, denn seit diese Dokumente im Archiv gelandet waren, hatte sie nie wieder jemand angefasst, geschweige denn sortiert. Also packten wir einfach alles in den Schrank und legten einen Stundenplan an, in den jede Mitschülerin ihre eigene Zeit eintrug, um das Material ein wenig zu sortieren und vor allem auch zu digitalisieren.

Das Archiv war ein winziger Raum. Man kam hinein und hatte kaum Platz zu gehen, bevor man an den Tisch oder den Schrank stieß. Die Wände waren grün gestrichen und zwar in einem so grellen Grün, das in den Augen wehtat. In der Mitte des Raumes stand ein riesiger Serverschrank und war eigentlich nur im Weg. Niemand wusste genau, was dieses Monstrum ausgerechnet hier zu suchen hatte. Es gab zwei Computerräume an der Schule und allerlei Abstellkammern, aber der Serverschrank stand im Archiv und blockierte zur Hälfte das einzige Fenster des Raumes. Als wäre das nicht genug gewesen, summte der Server auch noch ununterbrochen in einem gleichbleibend tiefen Ton. Eine wirklich großartige Arbeitsatmosphäre.

Es roch nach altem Papier, und wenn man tatsächlich anfing, Dokumente zu sichten und zu sortieren, wurden die Finger ganz staubig. Technische Geräte standen uns kaum zur Verfügung. Wir hatten einen ziemlich alten Laptop, auf dem wir Dokumente digitalisieren sollten. Allerdings hat keine von uns das jemals getan, und der Laptop war so alt, dass er bei jedem Scanvorgang abstürzte. Also hieß es im Archiv „back to the roots": Es wurde händisch sortiert und auch händisch dokumentiert. Für mich als 91-er Jahrgang eine untragbare Situation. Nichts habe ich je zuvor oder danach ohne Excel-Tabelle sortiert. Es gelang uns nicht, beim Arbeiten die Übersicht zu behalten; die eine Schülerin wusste nicht, was die andere tat. Es war eben vorsintflutlich.

Als ich eines Mittwochs wieder einmal in der fünften und sechsten Stunde im Archiv saß, nahm ich mir einfach irgendeinen Ordner heraus und fing an zu lesen. Die meisten Schreiben in unserem Archiv stammten aus der Zeit des Nationalsozialismus und waren deshalb, jedenfalls für mich, hoch interessant. So gab es zum Beispiel Schreiben, mit denen der Schule eröffnet wurde, welche Lehrer zum Heeresdienst einberufen wurden und welche wegen anti-nationalsozialistischer Äußerungen die Schule verlassen mussten. So las und las ich, bis ich auf ein Dokument stieß, das eindeutig nicht aus der Zeit des Nationalsozialismus stammte. Es war ein Brief, erst 1988 geschrieben. Als ich ihn gerade in den Ordner für die achtziger Jahre zurücklegen wollte, fiel mein Blick auf den Text und ich begann zu lesen. Der Brief stammte von einer Resi Prosel, die während der NS-Zeit das Max-Josef-Stift besucht hatte. Sie schrieb an die damalige Schulleiterin Frau Zorner und erklärte, dass sie in der Anlage die NS-Zeit als Schulmädchen beschreiben würde. „Vielleicht ist es für kommende Generationen interessant, wie unsere Schulzeit in den Jahren gewesen ist, über die man nicht berichten will."

Sofort durchsuchte ich den gesamten Ordner noch einmal, in der Hoffnung, die Anlage zu finden. Ich wollte dieses Dokument unbedingt haben! Ich zog weitere Ordner hervor, einige mit NS-Dokumenten, andere mit Dokumentensammlungen aus den sechziger bis achtziger Jahren. Aber was ich suchte, konnte ich einfach nicht finden. Ich hatte schon den halben Schrank durchsucht, ohne auch nur eine Spur von Zeitzeugenberichten zu finden. Weil ich zurück in den Unterricht musste, verließ ich enttäuscht den Raum.

Als ich an diesem Tag nach Hause kam, versuchte ich erst einmal etwas über Frau Prosel zu erfahren. Für mich als 91-er Jahrgang bedeutete das: Ich ging ins Internet und googelte den Namen Resi Prosel. Tatsächlich gab es einige Einträge über sie. Ich fand die Website eines Unternehmens und darunter befand sich die Unterschrift von Resi Prosel, die genau so aussah wie die Unterschrift auf dem Brief. Also hatte ich einen ersten Anhaltspunkt. Ich überlegte ein wenig. Gerne wollte ich mehr über die Zeit im Nationalsozialismus erfahren. Aber konnte ich Frau Prosel einfach so kontaktieren und sie nach ihrer Geschichte fragen? Oder ist so etwas nicht vielleicht sehr aufdringlich. Auf der Website fand ich eine E-Mail-Adresse und schickte eine Nachricht an Frau Prosel, mit der Bitte um ein Gespräch oder einer Art Interview via E-Mail. Wenn es zu aufdringlich war, konnte sie die Mail ja ignorieren, oder ein Gespräch einfach verweigern. Ich hatte ja nichts zu verlieren. Ein so persönliches Gespräch mit einem Zeitzeugen war schwer zu bekommen. Ich hatte schon einige Vorträge gehört, saß aber immer als einer von 800 Menschen in der letzten Reihe links hinter der Säule. Als sich mir also die Möglichkeit bot, mit jemandem wie Frau Prosel persönlich zu reden, war ich regelrecht aus dem Häuschen. Nachdem ich die Mail abgeschickt hatte, war ich mir plötzlich sicher, dass sie antworten würde. Sie als Ehemalige der Schule würde sich ja vielleicht freuen ihre Geschichte weiter zu erzählen. Also beschloss ich zu warten.

Während des Wartens, lief meine Fantasie auf Hochtouren. Beflügelt von dem was ich gelesen hatte, schossen mir unzählige Geschichten durch den Kopf. Einige mit, einige ohne Resi. Hier die Liebesgeschichte einer Schülerin, dort die Flucht einer anderen. Hier der Fanatismus der einen, dort der Widerstand der anderen. Wild tanzten Bilder durch meinen Kopf, ohne eine besondere Ordnung. Und alles nur wegen eines Zeitzeugenberichts, dessen Inhalt ich noch nicht einmal kannte.

1934
Es war bitterkalt, Mitte Februar, und Marita machte sich allein auf den Weg zur Schule. Erika hatte im vergangenen Sommer ihren Abschluss gemacht, allerdings war der nicht besonders gut gewesen. Sie hatte mit Hängen und Würgen bestanden und stand nun vor enormen Schwierigkeiten, eine Ausbildungsstelle zu bekommen. Die Arbeitsmarktsituation war ohnehin schon schwierig genug. Aber Erika war auch wirklich besonders dumm und besonders nervig. Hätte Marita eine Ausbildungsstelle zu vergeben, würde sie ihr auch absagen. Problematisch war nur, dass Erika noch nun immer bei ihnen zu Hause wohn-

te und gern ihren Zorn an den kleineren Geschwistern ausließ. Aber obwohl Erika arbeitslos war, hatte sich die Situation bei ihnen zumindest ein wenig entspannt. Ihr älterer Bruder Hannes hatte endlich eine Beschäftigung gefunden. Er war der SA beigetreten und durfte nun gegen ein kleines Entgelt bei Veranstaltungen den Aufpasser spielen. Ihm gefiel die Arbeit und er hatte viele neue Kameraden gefunden. Die Eltern waren enorm erleichtert gewesen, als sie von dieser Möglichkeit erfuhren. Sie mussten ihn zwar immer noch finanziell unterstützen, aber er war nun schon fast selbstständig.

Erika dagegen hatte sich innerhalb der letzten Monate zu einem wahren Monster entwickelt. Mit Aurora war sie anscheinend zerstritten. Diese hatte nämlich einen Ausbildungsplatz als Krankenschwester bekommen; außerdem war sie immer noch in diesen jungen Mann verliebt, und er offensichtlich auch in sie. Beides schien Erika fast um den Verstand zu bringen. Sie redete nicht mehr mit Aurora, und für Marita war das äußerst ungünstig. Denn jetzt kam Erika gar nicht mehr aus dem Haus und verströmte in der ganzen Wohnung ihre negative Aura.

Es schneite stark und Marita schlang die Hände fester um ihren schlanken Körper, als ein besonders kalter Windstoß sie erfasste. Was Erika an Aurora störte, war offensichtlich, dass sie ihr den Erfolg nicht gönnte. Marita war recht gut in der Schule und konnte anders als Erika gut mit

Sprachen umgehen. Deutsch war ihr Lieblingsfach, und sie schaffte es immer wieder, Bestnoten für ihre Aufsätze zu bekommen. Das machte nicht nur ihre Mutter, sondern auch ihren Vater sehr stolz. Mit jeder Eins, die sie nach Hause brachte, band er sie mehr in Gespräche ein, auch wenn es sich dabei um Themen handelte, die sie noch nicht besonders gut verstand. Aber sie hatte Spaß, daran ihre Grenzen zu erproben, und ihr Vater unterstützte sie dabei.

Ganz anders behandelte er dagegen Erika. Manchmal hatte Marita das Gefühl, dass er nicht mehr für sie übrig hatte als für die Stehlampe in der Ecke des Wohnzimmers, und wenn er sie das spüren ließ, tat Erika ihr oft leid. Andererseits hatte Erika eine besondere Begabung, ihren Missmut an ihrer Umgebung auszulassen, und so verflog Maritas Mitleid schnell. Erika spielte dann die „Ich-bin-die-Ältere-du-musst-Respekt-vor-mir-haben"-Karte, und das war eine wahre Tortur. Sie zwang Ihre Schwester dann zu irgendwelchen Strafaufgaben, wie jeden Topf zu polieren, und verhängte drakonische Strafen, wenn Marita ihren Befehlen nicht folgte. Auch ihre jüngeren Brüder litten unter der Situation, doch ganz besonderen Hass schien Erika auf Marita zu hegen. Allerdings konnte sie sich so auch nur benehmen, solange die Eltern nicht im Haus waren. Ihr Vater duldete Erikas überhebliche Art nicht.

Marita hatte das Schultor erreicht. Ihre Füße waren eiskalt gefroren, weil sie in dünnen Schuhen durch den zentimeterhohen Schnee hatte stapfen müssen. Am Schultor traf sie einige ihrer Klassenkameradinnen, und sie betraten gemeinsam das Klassenzimmer.

Drinnen war es wohlig warm. Sie hängten sofort ihre Mäntel zum Trocknen auf. Marita ging zu ihrem Platz und begann ihre Sachen für die erste Stunde aus der Tasche zu holen. Pünktlich wie ein Uhrwerk und zeitgleich mit der Schulglocke betrat Frau Meinecke das Klassenzimmer. Das mausbraune Haar hatte sie wie immer streng in der Mitte gescheitelt und im Nacken zu einem festen Dutt verschlungen. Ihre Bluse saß wie gewohnt perfekt, doch der etwas zu lange Rock ließ sie unvorteilhaft dick aussehen, obwohl sie kein Gramm zu viel auf den Rippen hatte.

„Heil Hitler!", schrie sie beinahe ins Klassenzimmer und hob die Hand zum Deutschen Gruß. Die gesamte Klasse erhob sich unter lautem Rumpeln von ihren Stühlen, alle hoben sie die Hand und riefen gleichzeitig „Heil Hitler!".

„Guten Morgen. Setzen!", befahl Frau Meinecke. Unter erneutem Rumpeln setzten sie sich alle wieder. Frau Meinecke nahm sich das Klassenbuch und begann die Schülerinnen einzeln aufzurufen.

„Assler, Elisabeth?"
„Hier!"
„Benecke, Daniela?"
„Hier!"
„Behring, Anna?"

„Hier!"

Alle Schülerinnen mussten auf ihren Namen mit einem lauten, klaren „Hier!" antworten. Es schien auch alle anwesend zu sein – bis auf „Rosenstaub, Linda?".

Stille. Frau Meinecke blickte hoch. „Linda?", wiederholte sie. Aber niemand antwortete. Lindas Platz war leer.

„Gibt es eine Krankmeldung?", fragte Frau Meinecke und blätterte im Klassenbuch. Die beiden Mädchen, die diese Woche zum Klassenbuchdienst eingeteilt waren und alle Krankmeldungen aus dem Sekretariat geholt hatten, schüttelten die Köpfe. „Im Sekretariat lag heute nichts", sagte eine.

„Gut", sagte Frau Meinecke und erhob sich. „Ich werde oben im Sekretariat Bescheid geben. Während ich weg bin, ist Marita dafür verantwortlich, dass hier alles ruhig bleibt. Wenn mir Klagen über euer Verhalten kommen, könnt ihr was erleben!"

Sie verließ den Raum. Marita stellte sich, wie in solchen Situationen üblich, vorne ans Pult und hatte bereits die Kreide in der Hand, um Schülerinnen aufzuschreiben, die sich schlecht benahmen. Aber es passierte nichts. Alle tuschelten nur und wunderten sich, wo Linda wohl abgeblieben war. Es gab die wildesten Spekulationen. Von einer einfachen Grippe bis zu einem schweren Unfall besprachen die Mädchen jede Möglichkeit.

Marita machte sich Sorgen. Linda war eine gute Freundin von ihr. Sie war ein liebes, aufgewecktes und herzensgutes Mädchen und auch noch sehr gut in der Schule. Sie mochte auch Lindas Familie sehr gern. Ihr Vater hatte als Offizier im Ersten Weltkrieg gedient, und er war einmal zu ihnen in die Klasse gekommen, hatte seine alte Uniform getragen und über seine Erlebnisse berichtet. Das war ein grandioser Tag gewesen. Er hatte ihnen alle Arten von Geschichten aus dem Schützengraben erzählt, lustige bis traurige und zutiefst ergreifende. Sie hatten es genossen, endlich einmal jemanden direkt fragen zu können, wie das damals denn gewesen sei, und nicht nur in ihren Geschichtsbüchern davon zu lesen oder sich die alten langweiligen Geschichten ihrer Eltern anhören zu müssen. Abgesehen davon, dass die Geschichten an sich schon spannend waren, besaß Herr Rosenstaub auch ein besonderes Talent, Geschichten auszuschmücken, und er hatte die Mädchen animiert, die besten Szenen in einer Art kleinem Improvisationstheater nachzuspielen.

Frau Meinecke betrat die Klasse wieder. Sofort verstummten die Mädchen und sahen sie erwartungsvoll an. Frau Meinecke hatte offensichtlich das Gefühl, dass sie sich den Schülerinnen erklären musste. „Wir haben versucht, das Elternhaus zu kontaktieren, allerdings niemanden erreichen können. Wir werden es weiterhin versuchen und im Zweifelsfall die Polizei verständigen."

Die Mädchen waren schockiert. Wenn man schon die Polizei verständigen musste, dann musste es sich um eine sehr ernste Situation handeln. Frau Meinecke begann mit dem Unterricht, aber irgendwie waren alle Schülerinnen durch Lindas leeren Platz abgelenkt.

Auch in der Pause war Lindas Fernbleiben das Gesprächsthema Nummer eins. Sie standen zu viert im Gang und berieten sich, was wohl geschehen sein könnte. Marita fragte ihre verdächtig stille Mitschülerin Esther, was sie von der ganzen Sache hielt.

Esther sah ernst in die Runde. „Was ich euch jetzt erzähle, dürft ihr niemandem weitersagen, verstanden?"

Marita, Anna und Berit nickten.

„Also, seit dieser Hitler Reichskanzler ist, hat er sehr viele Gesetze erlassen, die es einigen sehr schwer machen, Anstellungen zu bekommen oder ganz einfach nur ihr Leben zu leben. Deshalb verlassen im Moment viele Leute Deutschland."

„Hä?", fragte Marita und sah Esther verständnislos an. „Hitler sorgt doch dafür, dass es uns Deutschen endlich wieder besser geht? Von welchen Leuten sprichst du denn?"

„Von uns", erwiderte Esther.

„Wie meinst du mit ‚von uns'?", fragte Berit.

„Na ja, ich meine uns Juden."

„Ach Blödsinn!", entgegnete Anna. „Hitler

würde doch nichts unternehmen, was gegen Juden geht. Ihr könnt hier genauso leben wie wir!"

„Das stimmt so nicht mehr ganz." Esther wirkte sehr traurig. „Auf jeden Fall verlassen viele von uns momentan das Land."

„Du glaubst also, dass Linda heute nicht in der Schule war, weil sie Deutschland verlassen hat?", fragte Berit.

Esther nickte.

„Blödsinn!", sagte Anna erneut. „Daran glaub ich nicht."

Die Glocke klingelte und sie kämpften sich durch die Eingangshalle zurück in ihr Klassenzimmer. Marita dachte über das eben Gehörte nach. Was sie mit ihren Eltern bisher über Hitler besprochen hatte, war ausschließlich positiv gewesen. Immerhin war er ja auch indirekt der neue Arbeitgeber ihres älteren Bruders. Aber sie kannte Esther lange genug, um zu wissen, dass sie nicht log. Auch war Esther nicht die Sorte Mädchen, die Geschichten aufbauschte, um sich in den Vordergrund zu drängen und sich interessant zu machen. Am meisten aber war Marita von Esthers offensichtlicher Trauer beeindruckt. Es schien so, als hätte sie vor irgendetwas große Angst. Und wenn es stimmte, was sie sagte, wenn es für sie und ihre Familie tatsächlich nicht mehr möglich war, in Ruhe in Deutschland zu leben, dann war diese Angst auch mehr als berechtigt. Sie beobachtete Esther. Auch jetzt auf dem Weg zum Klassenzimmer sah es so aus, als würde sie jeden Moment anfangen zu weinen. Marita verstand nicht, was hier vor sich ging. Das war doch ihre liebe kleine Freundin Esther. Wer sollte etwas dagegen haben, dass sie und ihre Familie einfach in München ihr Leben weiterlebten? Aber gerade weil Esther so traurig und schockiert aussah, glaubte Marita ihr.

Sie kamen vor dem Klassenzimmer an. Berit und Anna waren schon wieder eingetreten, als Marita Esther vor der Tür zurückhielt. „Wirst du auch gehen?", flüsterte sie.

Esther sah sie nur an und sagte nichts. Aber Marita hatte verstanden. Sie nahm Esther fest in den Arm und versuchte, so viel Zuneigung wie möglich in diese Umarmung zu legen. Dann gingen sie gemeinsam zurück in die Klasse. Es war das letzte Mal, dass sie so Seite an Seite gingen.

Aurora setzte sich auf den Sessel in der Ecke des Zimmers und legte die Füße hoch. Es waren ihre ersten erholsamen Minuten an diesem Tag. Sie hatte ihre Ausbildung begonnen und war im Großen und Ganzen sehr zufrieden mit ihrer Wahl, auch wenn man als Krankenschwester tatsächlich eine Menge zu tun hatte. Allerdings machte sie die neue Arbeit auch ein wenig traurig. Sie konnte die Ärzte beobachten, und immer wenn sie das tat, wünschte sie sich, sie hätte das Abitur machen können, um Medizin zu studieren und dann selber Ärztin zu werden. Aber schon die weiteren zwei Schuljahre hätten sich ihre Eltern nicht leisten können, geschweige denn die Gebühren für den Studiengang Medizin. Außerdem war allen im Stillen bewusst, dass Frauen nicht auch nur annähernd so guten Chancen hatten wie Männer, in den Studiengang Medizin aufgenommen zu werden. Offiziell galten zwar beide Geschlechter als gleichberechtigt, aber die Realität sah doch etwas anders aus. Deshalb war Aurora ganz froh, dass sie überhaupt im Krankenhaus arbeiten konnte, und auch wenn es nicht ganz ihr Traumberuf war, merkte sie doch, dass sie mit ihrer Arbeit einen großen Beitrag zum Wohl der Patienten leisten konnte. Das war ja auch etwas.

Allerdings vermisste sie die Schule sehr. Im Max-Josef-Stift waren alle ihre Freundinnen gewesen und es gab diesen ganz besonderen, dem Stift eigenen Zusammenhalt unter den Schülerinnen. Hier im Krankenhaus hatte sie zwar schon viele Mädchen kennen gelernt, die auch ihre Ausbildung absolvierten, aber unter ihnen herrschte ein heftiger Konkurrenzkampf. Jede wollte die anderen übertrumpfen und versuchte, eigene Fehler anderen in die Schuhe zu schieben. Das erzeugte eine sehr angespannte Atmosphäre, und es kam ständig zu Streitigkeiten unter den Schwestern. Diejenigen Krankenschwestern, die ihre Ausbildung schon abgeschlossen hatten und fest angestellt waren, zeigten sich dagegen wesentlich entspannter. Sie gaben ihren Schülerinnen

Zeit, sich an die neue Arbeitsumgebung und die neue Situation zu gewöhnen. Viele der Auszubildenden waren zunächst mit der ungewohnten Arbeitsweise überfordert gewesen. Die Schichten, die sie zu arbeiten hatten, waren endlos lang, vor allem wenn man sie mit Schulstunden verglich, und keine Einzige von ihnen hatte vorher schon einmal in Nachtschicht arbeiten müssen.

Auroras erste Nachtschicht war eine Qual gewesen. Gegen ein Uhr nachts waren ihr ständig die Augen zugefallen, und sie war erst wieder aufgewacht, wenn ihr das Kinn schon auf die Brust gesunken war. Sie konnte sich nicht konzentrieren und erinnerte sich an nichts mehr von dem, was sie in der vorangegangenen Tagschicht gelernt hatte. Völlig übermüdet und nutzlos war sie im Krankenhaus herumgelaufen, bis die diensthabende Oberschwester sie auf dem Gang vor versammelter Mannschaft so heruntergeputzt hatte, dass sie das Gefühl hatte, nie wieder schlafen zu können. Das Schlimmste an dieser Standpauke war gewesen, dass alle anderen sie mitbekommen hatten. Über Tage hinweg hatten sie Aurora damit aufgezogen und offene Schadenfreude über ihr Versagen gezeigt. Deswegen hatte sie sich in letzter Zeit so miserabel gefühlt.

Eigentlich hätte sie gern mit Erika darüber gesprochen, aber ihre Freundschaft lag momentan auf Eis. Erika konnte ihr einfach nicht verzeihen, dass sie im Gegensatz zu Aurora keinen Ausbildungsplatz gefunden hatte, und die Tatsache, dass sie und Sebastian immer noch verliebt waren, hatte das Verhältnis zwischen den beiden noch weiter abkühlen lassen. Nun besprach Aurora diese Dinge eben mit Sebastian. Er war sehr verständnisvoll, versuchte aber immer, sie zum Durchhalten und sogar zum Kämpfen zu überreden. „Du musst dich entscheiden", pflegte er zu sagen. „Willst du Hammer oder Amboss sein? Wenn du nämlich weiterhin deinen Kopf so einziehst, wirst du immer der Amboss bleiben."

Aurora nahm sich das durchaus zu Herzen und versuchte seit dem Vorfall mit der Nachtschicht, mit hervorragenden Leistungen zu glänzen. Auch die Ärzte und Oberschwestern spendeten ihr dafür viel Lob, und alle bescheinigten ihr großes Talent für diese Arbeit. Nur ihre Mitschwestern musste sie davon noch überzeugen. Es hatten sich regelrechte Allianzen gegen sie gebildet, ständig wurde über sie getuschelt, und irgendwie hatte sie den Moment verpasst, als vollwertiges Mitglied der Gruppe angesehen zu werden. Deshalb verbachte sie ihre Freizeit meist allein.

Sie biss in ihren Apfel. Schon seit Stunden hatte sie nichts mehr gegessen und jetzt schmeckte dieser süße, knackige Apfel wie ein Geschenk des Himmels. Außer ihr war niemand im Schwesternzimmer. Sie ließ sich tiefer in die Kissen sinken und versuchte ein wenig zu entspannen.

Trotzdem standen ihre Gedanken nicht still. Die verzwickte Situation mit Erika belastete sie;

es wollte nicht in ihren Kopf, dass ihre einstige Mitschülerin ihr nach jahrelanger Freundschaft so sehr den Erfolg missgönnte. Dabei hatte es eigentlich niemanden überrascht, dass Aurora einen besseren Abschluss hingelegt hatte als Erika. Man musste auch ehrlich sagen, dass Aurora mehr dafür getan hatte. Weil Aurora immer sehr gut in Mathematik und Biologie gewesen war, hatte sie von jeher den Traum gehegt, im Gesundheitswesen tätig zu werden. Erika hingegen hatte sich nie in dieser Richtung geäußert. Dementsprechend überrascht war Aurora, als auch Erika sich um eine Ausbildungsstelle als Krankenschwester beworben hatte. Überhaupt nicht überrascht hatte es sie dagegen, dass Erika die Stelle nicht zugesprochen wurde. Sie wusste zwar, dass dieser Gedanke gemein war, aber bei Erikas schlechten Zensuren hatte man kein anderes Ergebnis erwarten können. Selbst wenn Erika genommen worden wäre, da war sich Aurora sicher, hätte die Arbeit ihr überhaupt keinen Spaß gemacht. Erika mochte nichts, was von der Norm abwich; außerdem ekelte sie sich vor Blut und Dreck, und das ist im Schwesternberuf eher kontraproduktiv.

Auch die Tatsache, dass Erika sie um ihre Beziehung zu Sebastian beneidete, erregte Auroras Zorn. Erika gab sich überhaupt keine Mühe, nett zu anderen zu sein. Wenn mal ein Mann sie ansprach, in einem Café oder Ähnlichem, dann wies sie ihn so harsch zurück, dass sich zwischen ihnen nicht einmal eine normale zwischenmenschliche Beziehung entwickeln konnte, geschweige denn so etwas wie Liebe. Trotz dieser Diskrepanz sah es Aurora nicht ein, sich gegenüber Erika zu verstellen und ihr nicht von Sebastian zu erzählen. Er war nun mal ein sehr wichtiger Teil ihres Lebens geworden. Wenn Erika das nicht akzeptieren wollte, dann mussten sie sich eben voneinander trennen.

Sie atmete tief durch und versuchte gerade, sich ein bisschen vom Stress der letzten Tage zu erholen, als die Tür des Schwesternzimmers aufflog und drei ihrer Kolleginnen hereinkamen. Sie unterhielten sich angeregt und schienen Aurora im ersten Moment gar nicht zu bemerken. Als sie sie endlich entdeckt hatten, setzten sie sich zu ihr. Zum Glück waren es die schon älteren Schwestern, und die hatten kein Problem, mit Aurora Zeit zu verbringen.

Schwester Ina führte das Gespräch ungerührt von Auroras Anwesenheit weiter. „Es ist in jedem Fall so, dass die Krankenhausleitung plant, dass alle Krankenschwestern der NS-Schwesternschaft beitreten müssen", sagte sie.

„Und das wäre dann verpflichtend?", fragte Schwester Helena.

„Ja."

„Aber was für ein Vorteil entsteht denn dem Krankenhaus und uns daraus, wenn wir alle Mitglied dieser Vereinigung sind?", warf Schwester Lisa ein.

„Das weiß ich nicht so genau", antwortete Schwester Ina, „aber wahrscheinlich wird das Krankenhaus dann staatlich subventioniert oder Ähnliches. Sonst würde das keinen Sinn machen. Dann wäre es ja egal, ob wir Mitglieder sind oder nicht. Aber die Krankenhausleitung hat vor, allen nicht Beigetretenen zu kündigen. Also muss ihnen das ziemlich wichtig sein."

Aurora hörte nur zu und sagte nichts.

„Woher weißt du denn das überhaupt?" Diese Frage kam von Schwester Lisa und war an Ina gerichtet.

„Ich hab gehört, wie die Oberschwestern darüber geredet haben", entgegnete diese trocken.

„Und bis wann müssen wir beigetreten sein?", fragte Helena.

„Keine Ahnung. Aber ich meine, eine Oberschwester gehört zu haben, die irgendwas von innerhalb der nächsten sechs Monate gesagt hat."

„Also, wir wissen nicht, was für Vorteile uns aus einer Mitgliedschaft entstehen. Aber entstehen uns denn irgendwelche Nachteile?", fragte Helena.

Schwester Ina lachte auf. „Natürlich nicht! Sonst wäre das ja keine Anordnung von ganz oben. Die Oberschwestern würden auch nie etwas befürworten, das uns Nachteile bringen könnte. Ist doch ganz klar."

„Und was hältst du davon?" Schwester Helena wandte sich an Aurora. Diese war ein wenig überrascht, dass sie überhaupt in das Gespräch mit einbezogen wurde. Und dann fragten die Kolleginnen sie auch noch nach ihrer Meinung? Großartig. Sie räusperte sich.

„Also wenn die Oberschwestern sagen, dass das in Ordnung ist, dann glaube ich ihnen das auch", sagte sie schließlich zögernd.

„Also würdest du beitreten?", hakte Schwester Lisa nach.

„Ähm ..." Alle drei starrten sie erwartungsvoll an. „Ich denke schon."

Es entstand eine Pause. Weil Aurora das Gespräch nicht beenden wollte, fragte sie in die Runde: „Und Sie? Werden Sie beitreten?"

„Wenn sie mich sonst rausschmeißen, klar!", antwortete Schwester Lisa. „Ich will ja nicht wegen so einer läppischen Mitgliedschaft auf der Straße sitzen. Ich muss Miete bezahlen!"

Die anderen nickten zustimmend. „Also ich trete auch bei." sagte Schwester Helena. „Es wird sich bestimmt auszahlen, wenn wir in dieser Sache einfach das machen, was uns gesagt wird."

„Ich denke auch, dass ich Mitglied werde", sagte Schwester Ina. Dann wandte sie sich erneut an Aurora. „Und sonst so? Hast du dich hier im Haus schon gut eingelebt?"

Aurora blickte kurz zu Boden. Sie würde diesen Schwestern sicherlich nichts von den Problemen mit ihren Kameradinnen erzählen. „Ach ja", antwortete sie unbestimmt. „Es läuft eigentlich ganz gut. Und die Arbeit macht mir Spaß."

„Mach dir keine Sorgen", sagte Schwester Helena und sah sie verständnisvoll an. „Die Zickereien hören normalerweise nach dem ersten Ausbildungsjahr auf. Dann sind eh nur noch die Schwestern da, die was taugen, und dann ist der Konkurrenzkampf nicht mehr so extrem."

Aurora wurde rot. War es so offensichtlich, dass diese Situation sie belastete?

Schwester Helena blickte auf ihre Armbanduhr. „Oh Gott, wir müssen los!", sagte sie. Ohne ein weiteres Wort sprangen alle drei auf und rauschten aus dem Zimmer. Aurora war wieder allein.

Sie waren sehr lange unterwegs gewesen, aber nun hatten sie endlich ihr Ziel erreicht. Die Fahrt war mit dem Auto nachts über die Grenze nach Frankreich gegangen, eine Reise von fast neun Stunden. Der Himmel wurde heller, und über dem frostkalten und verschneiten Paris zeigten sich die ersten Sonnenstrahlen.

Linda stieg aus dem Auto und atmete erst einmal durch. Sie war traurig, dass sie alles hatten zurücklassen müssen, aber nach Meinung ihres Vaters war ihnen keine andere Wahl geblieben. Sie sah sich das Haus an, vor dem sie geparkt hatten. Es war schön und groß und sah recht gepflegt aus. In diesem Moment öffnete sich die Haustür und eine sehr schlanke Frau trat in den Vorgarten.

„Linda", die Stimme ihrer Mutter riss sie aus ihren Gedanken. „Nimm bitte deinen Koffer und lass uns reingehen. Ich erfriere sonst noch hier draußen." Linda nahm ihren Koffer und sie gingen auf das Haus zu. Die Frau kam ihnen entgegen. Es war Lindas Tante, die sie aber nur von Fotos kannte und noch nie persönlich getroffen hatte. Sie schloss Lindas Mutter in die Arme uns sagte mit unüberhörbarer Erleichterung: „Zum Glück seid ihr da!" Sie umarmte auch den Vater, dann wandte sie sich an Linda, beugte sich ein Stück zu ihr herunter und sagte: „Herzlich willkommen bei uns zu Hause, Linda. Ich bin deine Tante Ada. So lernen wir uns also endlich kennen!"

Linda wünschte sich, sie hätten sich bei einer anderen Gelegenheit kennen gelernt, oder am besten gar nicht. Aber weil Ada so nett zu ihr war, schenkte sie ihr ein mattes Lächeln.

Gemeinsam gingen sie ins Haus, und mit einem ungewöhnlich lauten Knacken fiel die Haustür ins Schloss.

3

Gesetz über die Hitler-Jugend

Von der Jugend hängt die Zukunft des Deutschen Volkes ab. Die gesamte deutsche Jugend muß deshalb auf ihre künftigen Pflichten vorbereitet werden. Die Reichsregierung hat daher folgendes Gesetz beschlossen, das hiermit verkündet wird:

§ 1. Die gesamte deutsche Jugend innerhalb des Reichsgebietes ist in der Hitler-Jugend zusammengefasst.

§ 2. Die gesamte deutsche Jugend ist außer in Elternhaus und Schule in der Hitler-Jugend körperlich, geistig und sittlich im Geiste des Nationalsozialismus zum Dienst am Volk und zur Volksgemeinschaft zu erziehen.

(...)

Zweite Durchführungsverordnung zum Gesetz über die Hitler-Jugend (Jugenddienstverordnung)

§ 1. Dauer der Dienstpflicht
(1) Der Dienst in der Hitler-Jugend ist Ehrendienst am Deutschen Volke.

(2) Alle Jugendlichen vom 10. bis zum vollendeten 18. Lebensjahr sind verpflichtet, in der Hitler-Jugend Dienst zu tun, und zwar:
1. die Jungen im Alter von 10 bis 14 Jahren im „Deutschen Jungvolk" (DJ),
2. die Jungen im Alter von 14 bis 18 Jahren in der „Hitler-Jugend" (HJ),
3. die Mädchen im Alter von 10 bis 14 Jahren im „Jungmädelbund" (JM),
4. die Mädchen im Alter von 14 bis 18 Jahren im „Bund Deutscher Mädel" (BDM).
(...)

§ 2. Erziehungsgewalt
Alle Jungen und Mädchen der Hitler-Jugend unterstehen einer öffentlich-rechtlichen Erziehungsgewalt, nach Maßgabe der Bestimmungen, die der Führer und Reichskanzler erläßt.

§ 3. Unwürdigkeit
(1) Der Zugehörigkeit der Hitler-Jugend unwürdig und damit von der Gemeinschaft der Hitler-Jugend ausgeschlossen sind Jugendliche, die
1. ehrenrührige Handlungen begehen,
2. wegen ehrenrühriger Handlungen vor Inkrafttreten dieser Verordnung aus der Hitler-Jugend ausgeschlossen worden sind,
3. durch ihr sittliches Verhalten in der Hitler-Jugend oder in der Allgemeinheit Anstoß erregen und dadurch die Hitler-Jugend schädigen.
(...)

§ 4. Untauglichkeit
(1) Jugendliche, die nach dem Gutachten einer HJ-Gesundheitsstelle oder eines von der Hitler-Jugend beauftragten Arztes für den Dienst in der Hitler-Jugend untauglich oder bedingt tauglich befunden worden sind, müssen entsprechend dem ärztlichen Gutachten ganz oder teilweise von dem Dienst in der Hitler-Jugend befreit werden.
(...)

§ 7. Blutmäßige Anforderungen
Juden (...) sind von der Zugehörigkeit zur Hitler-Jugend ausgeschlossen.

Aus: Sartorius, Verfassungs- und Verwaltungsrecht, Sammlung von Reichsgesetzen, -verordnungen und -erlassen, 15. Auflage, 1. April 1944, C. H. Beck

Auch wenn man nicht im Archiv mitarbeitete, wurde schnell klar, dass das Max-Josef-Stift eine geschichtsträchtige Schule war. Sie wurde am 27. Mai 1813 vom bayerischen König Max I. Joseph gegründet, als Erziehungsheim für die Töchter verdienter Männer, hoher Staatsbeamter, gefallener Offiziere und verarmter Adeliger. Eine solche Art von Schule war zu diesem Zeitpunkt in Bayern noch ein Novum. Als Vorbild diente die ebenfalls bis heute bestehende höhere Töchterschule Ecouen bei Paris.

Nach seiner Gründung zog das Max-Josef-Stift in das Palais am Oberanger in München und betreute rund 60 Schülerinnen. Bis 1840 war die Zahl der Schülerinnen so rapide gewachsen, dass die Schule in ein größeres Gebäude umziehen musste. In der Ludwigstraße 18 fand das Max-Josef-Stift ein neues Zuhause in einem extra dafür erbauten Schulgebäude. Gemeinsam mit dem Priesterseminar und dem Universitätsgebäude wurde den Gebäuden in der Ludwigstraße der Spitzname „Glaube, Hoffnung, Liebe" gegeben. Dabei stand Glaube für die angehenden Priester, Hoffnung für die Studenten der Universität und Liebe für die Schülerinnen des Max-Josef-Stifts. Das Gebäude des Stifts besteht bis heute, allerdings ist die Schule längst nach Bogenhausen in die Mühlbauerstraße umgezogen. Heute wird das Gebäude vom juristischen Seminar der Ludwig-Maximilians-Universität genutzt.

Die Auswirkungen des Ersten Weltkriegs bekam selbstverständlich auch das Max-Josef-Stift zu spüren. Alle ausländischen Lehrer wurden sofort entlassen, was zu einer tiefgreifenden Umstrukturierung des Lehrerkollegiums führte. Weil die Schule von ihrem französischen Vorbild lernen wollte, war bis 1914 die Hälfte der Lehrerschaft französischer Abstammung. Nun ließ sich der Unterricht nur mit Einschränkungen fortführen, und teilweise mussten Unterrichtsstunden von ehemaligen Schülerinnen übernommen werden. Nach der Revolution und dem Untergang der Monarchie wurde das Max-Josef-Stift dem Ministerium unterstellt und war von nun an eine staatliche Schule. Auch während der Weimarer Republik bestand das Max-Josef-Stift weiter und erhielt sich seinen guten Ruf.

Allerdings war für mich die Geschichte des Nationalsozialismus immer besonders interessant, und daher wollte ich vor allem etwas über die Schule im Zeitraum von 1933 bis 1945 erfahren. Wie waren die Mädchen damals? Waren sie regimetreu oder gar fanatisch? Oder enthielten sie sich? Mir war von Anfang an klar, dass ich keine Heldengeschichte über das Stift entdecken würde. Die wenigen Helden aus jener Zeit sind weithin bekannt. Dennoch interessierte mich die Einstellung der Schülerinnen. Wie aber sollte man jetzt herausfinden, ob jemand fanatisch war oder nicht? Erst einmal würde ich mich an die objektiven harten Fakten halten müssen, also Mitgliedszahlen des BDM überprüfen und Ähnliches. Und dann war da die Frage, ob es die Möglichkeit geben würde, eine subjektive Meinung zu erfahren. Am liebsten natürlich von einer damaligen Schülerin, so wie Frau Prosel. Aber die musste man erst einmal finden und dann mussten sie natürlich auf ihre Mails antworten.

1935

Esther war gut in der Schweiz angekommen. Ihr gefiel es hier. Eigentlich sah es genauso aus wie in Bayern, und sie hatten Glück gehabt, denn sie hatten Verwandte, die in einem idyllischen kleinen Bergdorf wohnten. Hier ging Esther auch zu Schule. Sie hatte sich sehr gut eingelebt. Ihre Mitschülerinnen hatten sie alle sehr herzlich aufgenommen, und schon bald fand sie heraus, dass sie keineswegs als Einzige aus Deutschland geflohen war. In diesem kleinen Dorf kannte jeder jeden, und es war schön zu sehen, dass alle sie offensichtlich mochten. Sie dachte nur selten an ihre Zeit in München zurück, und wenn sie es tat, war sie für gewöhnlich nicht besonders traurig.

Ihr Vater war Beamter bei der Stadtverwaltung gewesen, und obwohl er über Jahre hinweg tadellose Arbeit geleistet hatte, war ihm einfach mit der Begründung gekündigt worden, er sei als Jude seiner Position nicht würdig. Ihren Vater hatte das schwer getroffen und er war beinahe depressiv geworden. Da hatte ihre Mutter die Reißleine gezogen und ihnen allen erklärt, dass ein solches Leben in Deutschland sinnlos sei. Nun lebten sie glücklich in der Schweiz. Ihre Eltern arbeiteten beide im Geschäft ihrer Familie mit, wobei sich ihre Mutter hauptsächlich um den Verkauf kümmerte, ihr Vater eher um Administratives. Hier waren sie frei. Trotzdem hielten Esthers Eltern den Kontakt zu anderen Juden in Deutschland aufrecht. Daher wusste sie auch, dass Linda mit ihrer Familie in Paris untergekommen war. Nach einigem Hin und Her hatte sie sogar die Adresse erfahren, und nun wollte sie Linda schreiben. Es wäre sicherlich schön, eine

Brieffreundin zu haben. Außerdem fragte sich Esther, ob es Linda wohl auch so gut ging wie ihr. Sie hoffte es inständig.

Es war ein besonders schöner Frühlingstag. Esther setzte sich mit ihrer Schultasche auf eine Wiese, kramte ein Stück Papier und einen Stift hervor und begann zu schreiben.

Liebe Linda,

ich hoffe, es geht Dir gut! Ich habe gehört, dass Du und Deine Familie es nach Paris geschafft habt. Wir sind in der Schweiz gelandet. Es gefällt mir hier sehr gut. Die Schule fällt mir leicht und auch sonst fehlt mir nichts von zu Hause. Mein Vater sagt, dass es in Deutschland sehr gefährlich geworden ist und dass wir froh sein können, hier zu sein. Nun ja, ich bin froh, muss ich Dir sagen. Nur unsere Mitschülerinnen vermisse ich ein bisschen, Vater verbietet es mir aber, Kontakt mit ihnen aufzunehmen.

Vielleicht können wir beide uns ja regelmäßig schreiben. So wie Brieffreundinnen! Dann wissen wir immer, wie es der anderen gerade geht. Ich würde mich sehr freuen, wenn das klappt.

Viele Grüße und Küsse aus der schönen Schweiz.

Deine Esther

Sie packte den Brief in einen bereits adressierten und frankierten Umschlag und warf diesen auf dem Weg nach Hause in einen Postkasten. Wenn sie Glück hatte, würde der Brief Linda nächste Woche erreichen. Sie freute sich schon auf ihre Antwort.

Wir werden heiraten! Am liebsten hätte Aurora nur diesen einen Satz den ganzen Tag laut herausgeschrien. Sie war überglücklich. Sebastian war gerade einundzwanzig geworden und sie hatten gemeinsam beschlossen, dass es der einzig sinnvolle Weg war. Eigentlich wollten sie nur zusammenbleiben, aber sie hatten den Druck von außen nicht mehr aushalten können. Als Auroras Eltern herausgefunden hatten, dass es da einen Verehrer gab, hatte sie den Ärger ihres Lebens bekommen. Ihr Vater war der Überzeugung, dass ihre Familienehre auf dem Spiel stand, und konnte es nicht fassen, dass seine Aurora so leichtfertig damit umging. Sie hatte zwei Monate Hausarrest bekommen und Sebastian während der ganzen Zeit nicht sehen dürfen. Das war hart gewesen, aber sie hatten es überlebt.

Nachdem Aurora ihren Eltern hoch und heilig versprochen hatte, sie würden sich nicht mehr treffen, hatten sie sich nur heimlich sehen können. Inzwischen aber waren beide das Versteckspiel leid. Außerdem gab es noch einen anderen Grund, warum sie Sebastian unbedingt heiraten wollte. Denn obwohl es absolut verpönt war und man sie geächtet hätte, wenn es herausgekommen wäre, hatte sie es doch getan. Sie hatte mit

Sebastian geschlafen. Und jetzt, wo sie wusste, was das eigentlich hieß, wollte sie auf keinen Fall mehr darauf verzichten. Zum Glück dachte Sebastian genauso.

Als sie eines Abends ihre Eltern bat, Sebastian zum Abendessen einzuladen, war den beiden sofort klar, worum es gehen würde. Aber sie sagten nichts und ließen sich auch nichts anmerken. Als Sebastian bei Auroras Vater vorsprach und den Wunsch äußerte, sie zu heiraten, stimmte er dem ohne weiteres zu. Für ihn kam die Sache damit in Ordnung; die verbotene Liaison war nun in eine moralisch einwandfreie Verbindung überführt und die Ehre der Familie gerettet.

Obwohl Aurora eigentlich erleichtert war, schien es ihr doch, dass ihr Vater der Verlobung etwas zu leichtfertig zugestimmt hatte und eines Abends sprach sie ihn darauf an.

„Ach Kindchen", sagte er in gönnerischem Tonfall, „glaubst du wirklich, deine Mutter und ich wären von vorgestern? Als wir von eurer Turtelei erfahren haben, haben wir die Eltern von Sebastian ausfindig gemacht und die Sache mit ihnen besprochen. Sebastian ist ein guter Junge, und er kommt aus einer guten und anständigen Familie. Wir wussten auch, dass ihr euch heimlich trefft, aber letzten Endes war es für uns nur eine Frage der Zeit, wann er um deine Hand anhalten würde. Seine Mutter hat uns erzählt, in welch hohen Tönen er zu Hause von dir spricht, und deshalb waren wir nicht sonderlich überrascht."

Er tätschelte ihre Hand und lächelte sie liebevoll an. „Wir freuen uns für dich und sind stolz auf dich." Er umarmte sie und drückte sie, so fest er konnte. Aurora musste lachen.

Das war wohl einer ihrer glücklichsten Momente gewesen. Sie war verlobt. Und sie würde heiraten. Sebastian und sie, glücklich bis ans Ende ihrer Tage. Und tatsächlich sollten sie bis zum Ende ihrer Tage verheiratet bleiben. Es war nur so, dass sie wesentlich weniger Tage gemeinsam haben sollten als erwartet.

Erika war wütend. Richtig wütend. Wieder hatte man sie für eine Ausbildungsstelle abgelehnt. Wenn ihre Eltern das mitbekämen, würde ihr Vater sie noch mehr verachten. Das wusste sie. Sie spürte seine starke Abneigung, und manchmal schien es so, als müsste er sich regelrecht zwingen, sie auch nur eines einzigen Blickes zu würdigen. Inzwischen hasste sie ihn dafür.

Dieses Gefühl war ihr vorher eigentlich fremd gewesen, aber sie konnte es nicht mehr zurückhalten. Die ganze Welt hatte sich gegen sie verschworen, das war klar. Wenn so eine blöde Schnepfe wie Aurora ohne Probleme eine Ausbildungsstelle bekam und darin auch noch erfolgreich war, musste sie das doch wohl auch können. Mittlerweile hasste sie auch Aurora. Sie ertrug es nicht mehr, wie sie ihr den Spiegel vorhielt, und diese Geschichte mit Sebastian konnte sie erst recht nicht mehr hören. Sie wusste, wie sie Aurora verletzen konnte. Dafür waren sie lange genug befreundet gewesen. Die Frage war nur noch, wann sie damit anfangen würde. Wenn es so weiterging, dann bestimmt bald. Besonders getroffen hatte es sie, dass Sebastian offensichtlich um Auroras Hand angehalten hatte und die beiden nun verlobt waren. Aurora hatte ihr die Geschichte brühwarm erzählt und war so glücklich und euphorisch gewesen, dass sie gar nicht bemerkt hatte, wie sich Erikas Gesicht immer mehr verfinsterte und sie ihr am liebsten eine geklebt hätte. Aurora wollte heiraten. Das war einfach zu viel. Aber das wäre jedem zu viel gewesen, versuchte Erika sich selber einzureden.

Sie hoffte nur noch, dass Aurora ihr eine Gelegenheit gab. Dann würde sie zuschlagen und dieser blöden Kuh endlich zeigen, wo der Hammer hing. Sie zerriss den Brief mit der Ablehnung in kleine Fetzen. Bald würde sie sich für diese Ungerechtigkeit rächen.

Es war sieben Uhr, und Marita machte sich wie üblich für die Schule fertig. Inzwischen war sie in die dritte Klasse des Lyzeums aufgerückt. Doch die Schule war nicht mehr diejenige, die sie kennen gelernt hatte, als sie mit der Oberschule begann. Linda und Esther waren schon seit einem Jahr nicht mehr da, und aus Maritas Sicht hatten sie eine enorme Lücke in der Klassengemeinschaft hinterlassen. Auch andere Mädchen aus der Schule waren fortgegangen. Sie alle waren Jüdinnen gewesen. Es hätte Marita egal sein können, aber gerade weil so viele von ihnen einfach fort waren, und dies stets ohne Abschied einfach über Nacht, war sie fest überzeugt, dass Esther ihr die Wahrheit gesagt hatte. Wenn ihr Vater stolz über die Tätigkeit ihres Bruders in der SA sprach, begann sie immer mehr gewisse Ungereimtheiten herauszuhören. Sie hatte das Gefühl, dass er ihrer Mutter, ihrer Schwester und nicht zuletzt ihr selbst nicht immer die ganze Wahrheit erzählte. Wichtige Details schien er stets zu verschweigen, und es schwante ihr, dass die SA nicht ganz so sehr die heldenhafte Einheit war, die sie zu sein vorgab. Letztlich hatte Marita aber zu wenige Informationen, um das belegen zu können. Die würde sie auch sicher nicht von ihrer Familie bekommen, das war ihr klar. Sie musste sich also andere Quellen suchen.

Früher hätte sie einen Lehrer nach handfesten Informationen gefragt. Einen Lehrer ihres Vertrauens. Allerdings waren seit einigen Monaten nur noch neue Lehrkräfte an der Schule, die sie alle noch nicht richtig kannte, geschweige denn, dass sie ihnen vertraute. Außerdem war ihr klar, dass eine Frage über die wirklichen Absichten der SA problematisch sein konnte, sonst würde ihr Vater ja einfach die Karten offen auf den Tisch legen. Aber seit der neue Schulleiter Dr. Herting für frischen Wind gesorgt hatte, war es schwierig, sich mit den Lehrern fundiert über bestimmte

Themen zu unterhalten.

Sie knöpfte ihre Uniform zu. Seit der Umstrukturierung der Schule und der Begeisterung ihres Bruders für die SA war der Druck auf sie enorm gewachsen, und so gehörte sie seit gut einem halben Jahr dem BDM an. Sie hatte nicht beitreten wollen. Sie hatte dabei einfach kein gutes Gefühl gehabt. Aber weil sie niemandem genau erklären konnte, was sie eigentlich so störte, und weil vor allem ihr Vater sie immer wieder beschworen hatte, sie möge doch nun bitte endlich beitreten, hatte sie sich nicht länger wehren können. Und sie musste zugeben, dass sie mit ihrem unguten Gefühl falsch gelegen hatte. Selten hatte sie so viel Spaß gehabt wie in diesem letzten halben Jahr. Sie hatten ständig Ausflüge unternommen und so den Klassenzusammenhalt sehr stärken können. Die Lücke, die Esther und Linda hinterlassen hatten, war durch diese gemeinsamen Freizeiten schon wieder einigermaßen geschlossen worden, obwohl Marita immer noch das Gefühl hatte, dass ihnen etwas fehlte. Aber nichtsdestotrotz hatte sie Spaß gehabt.

Sie erinnerte sich an einen ziemlich blöden Vorfall vor ungefähr zwei oder drei Monaten. Eines der Mädchen aus der ersten Klasse des Lyzeums hatte in der Pause furchtbar geweint. Natürlich hatte sich sofort eine riesige Traube schnatternder Mädchen um sie gebildet, die unbedingt wissen wollten, was genau geschehen war und auch versuchten, das kleine Mädchen zu trösten. Es hatte sich herausgestellt, dass sie offensichtlich nicht geeignet war, in den BDM einzutreten, und das hatte sie entsetzlich betrübt. Auf nähere Nachfrage begann das Mädchen dann aber so heftig zu weinen, dass sie beim besten Willen nicht herausfanden, warum sie denn nicht geeignet war.

Weil Marita sich irgendwie verantwortlich fühlte und auch ihre Freundinnen diese Behandlung als furchtbar ungerecht empfanden, waren sie zu dritt zu Frau Steller, ihrer BDM-Leiterin gegangen und hatten die genauen Hintergründe des Geschehens erfragt.

Als sie bei Frau Steller im Büro standen und ihr Anliegen vortrugen, blickte diese sie nur sehr ernst an. „Ja, es ist korrekt, dass Anneliese nicht in den BDM aufgenommen werden kann."

„Aber warum denn nicht?", entgegnete Marita. „Wir sind doch alle Mitglieder. Fast alle Mädchen aus Schule sind dabei. Es ist doch unfair, nur eine einzige von der Teilnahme auszuschließen, finden Sie nicht?"

„In diesem Fall hat das seine Gründe und seine Richtigkeit", sagte Frau Steller mit kalter, klarer Stimme.

„Aber das für Gründe denn?", hakte Marita nach.

„Aufgrund ihrer jüdischen Abstammung ist Anneliese von der Teilnahme am BDM ausgeschlossen. Sie wird niemals beitreten können."

Marita stutzte. Sie hatte gar nicht gewusst,

dass Anneliese auch Jüdin war. Nichts dergleichen war jemals auch nur andeutungsweise zu erahnen gewesen. Sie wollte eigentlich etwas sagen. Etwas wie, dass es doch vollkommen egal sei, welcher Religion Anneliese angehöre, um am BDM teilzunehmen. Aber sie konnte in Frau Stellers Gesicht beinahe deren Gedanken lesen. Es war offensichtlich, dass sie hier auf völlig verlorenem Posten stand. Auch die Abneigung, die Frau Steller Menschen wie Anneliese entgegenbrachte, war nicht zu übersehen.

Es war klar, dass Frau Steller das Gespräch mit der Feststellung, dass Anneliese Jüdin war, für beendet hielt. Die drei sagten also nichts, bedankten sich stattdessen für die Zeit und verließen das Büro. Vielleicht war es dieser Vorfall, vielleicht gab es auch noch mehrere andere Gründe, aber eine Woche später war Anneliese nicht mehr da. Auch sie hatte die Stadt über Nacht verlassen. Das bestärkte Marita nur noch mehr in ihrem Argwohn, dass dieser Hitler irgendetwas sehr falsch machen musste, denn auch Annelieses Familie war hoch angesehen gewesen, und auch ihr Vater hatte im Weltkrieg gedient und war allein schon deswegen für sie alle ein Held.

Sie überprüfte noch einmal ihre Frisur. Ihre langen hellbraunen Haare hatte sie ordentlich in der Mitte gescheitelt und zu Zöpfen geflochten. Sie mochte diese Frisur nicht besonders, aber so konnte man gut ihr BDM-Halstuch sehen, und auch die geflochtenen Zöpfe gehörten irgendwie zur Uniform dazu. Sie blickte auf ihre Wanduhr. Schon viertel vor acht! Sie würde sich beeilen müssen, um nicht viel zu spät zu kommen. Sie hastete in die Küche, nuschelte ihrer Familie einen Guten-Morgen-Gruß zu, nahm das für sie vorbereitete Frühstücksbrötchen in die Hand, warf sich ihre Jacke über und rannte, so schnell sie konnte, durchs Treppenhaus hinaus auf die Straße.

Frühling in Paris. Das war etwas, von dem viele andere nur träumten. Sie hatte es, aber sie wollte es nicht. Seit ihrer Ankunft in Paris war es Linda sehr schwer gefallen, sich einzuleben. Das bisschen Schulfranzösisch, das sie am Stift gelernt hatte, half ihr nicht wirklich weiter, und ihre neuen Klassenkameradinnen zogen sie lieber damit auf, als ihr zu helfen. Deshalb fiel es ihr nicht nur schwer, neue Kontakte zu knüpfen oder gar Freundschaften zu schließen, sondern auch die Schulfächer bereiteten ihr in der fremden Sprache wesentlich mehr Schwierigkeiten, als sie es gewohnt war. Es schien ihr wie ein Teufelskreis, aus dem sie sich nicht befreien konnte.

Auch in ihrem neuen Zuhause gefiel es ihr nicht besonders. Ihre Tante Ada versuchte zwar alles, um ihnen den Aufenthalt bei ihr so angenehm wie möglich zu machen, aber dennoch fühlte sie sich wie eine Fremde. Sie gehörte dort einfach nicht hin.

Gerade machte sich Linda für die Schule fertig. Wie üblich band sie sich die blonden Haare zu einem Zopf zurück und rückte das weiße Halstuch zurecht, das sie zu ihrer schwarzen Schuluniform trug. Sie betrachtete sich im Spiegel. Schon seit einiger Zeit versuchte sie zu verstehen, warum sie anders war. Was unterschied sie denn so gravierend von den anderen daheim in ihrer Klasse, dass sie die Schule und sogar ihr Land hatte verlassen müssen? Sie war immer gut in der Schule gewesen, hatte fleißig gearbeitet und sich allen gegenüber respektvoll und anständig verhalten. Weder ihren Lehrern noch ihren Klassenkameradinnen oder anderen Mitmenschen hatte sie je einen Grund dazu gegeben, sich über sie zu beschweren. Und wenn doch mal etwas vorgefallen war, handelte es sich meistens um irgendeine Lappalie, die sich schnell aus der Welt schaffen ließ.

Aus dem Spiegel starrten sie nur ihre eigenen azurblauen Augen an. Es gab einfach keinen Grund. Und es machte aus ihrer Sicht alles keinen Sinn. Wenn es jemandem nicht mehr erlaubt sein sollte, in Deutschland zu sein, dann war es doch wohl diese dumme Gans Renate. Die konnte nicht bis vier zählen, war dafür aber faul und arrogant. Renate vertrat keine einzige der deutschen Tugenden, aber sie durfte bleiben und Linda musste gehen. Das konnte doch nicht richtig sein. Aber niemand hier konnte oder wollte ihr das so genau erklären. Alle sagten nur immer wieder, dass es in Deutschland für sie nun zu gefährlich sei und dass sie Glück gehabt hätten, nach Paris kommen zu können.

Vor allem ihr Vater pflegte die Kontakte in die Heimat, allerdings nur die zu seinen jüdischen Freunden. Linda hatte das ein oder andere Gespräch mitgehört, in dem ihr Vater versuchte, andere davon zu überzeugen, Deutschland ebenfalls zu verlassen. Hin und wieder erzählte er auch von denen, die es tatsächlich getan hatten. Auch Esther, ihre Klassenkameradin aus dem Stift, war gemeinsam mit ihrer Familie ausgewandert. Als Linda davon hörte, hatte sie inständig gehofft, Esther würde ebenfalls nach Paris kommen. Dann hätte sie in diesen schwierigen Zeiten eine gute Freundin gehabt. Leider hatten sie kurz darauf erfahren, dass Esthers Familie in die Schweiz gegangen war. Das war eine herbe Enttäuschung gewesen.

Auch andere Mädchen vom Stift waren laut Auskunft ihres Vaters aus Deutschland geflohen, eine von ihnen sogar nach Paris. Sie hatten sich einmal getroffen, und die Mutter des Mädchens hatte darauf gedrängt, dass Linda sich unbedingt um die kleine Tochter der Familie kümmern sollte. Anneliese hieß sie und war ganz nett, aber doch zwei Jahre jünger als Linda, und sie hatten einfach unterschiedliche Interessen. Außerdem benahm sich Anneliese oft vollkommen kindisch, und Linda hatte überhaupt keine Lust, für sie den Pausenclown zu spielen. Deshalb hatten sie sich nicht wirklich angefreundet. Lindas Mutter fand das traurig und hatte ein paar Mal versucht, Linda umzustimmen. Aber Linda fand, dass sie sich wenigstens ihre Freundinnen selbst aussuchen durfte, wenn ihr schon der Wohnort und die fremde Sprache aufgezwungen wurden. Also blieb sie eben allein.

Sie packte ihre Schulsachen zusammen und verließ das Zimmer. Unten in der Küche wurde sie fröhlich von der französischen Hausdame begrüßt, die ihr wie immer ein vorzügliches Frühstück zubereitet hatte. Linda trank in aller Ruhe ihren Orangensaft und biss zweimal von ihrem Croissant ab, dann blickte sie auf die Uhr und stellte mit Entsetzen fest, dass sie schon viel zu spät dran war. Sie warf sich Jacke und Tasche über und rannte los, wohl wissend, dass dieser Schultag genau so schlimm werden würde wie der letzte.

Sie sollte Recht behalten. Der Tag war wirklich nicht auszuhalten gewesen. Am liebsten hätte sie angefangen zu weinen. Bei jedem ihrer Worte hatten ihre Mitschülerinnen zu prusten angefangen, und als sie während der Stunde, in der sie französische Literatur besprachen, eine Frage des Lehrers beantwortete, hatten sie haltlos angefangen zu lachen. Der Lehrer musste mehrere Ermahnungen aussprechen, bevor sie sich wieder beruhigten. Von da an hatte Linda den ganzen Tag einfach kein Wort mehr gesagt, hatte die Pausen allein verbracht und sich selbst bemitleidet. Als die Glocke zum Unterrichtsende klingelte, war sie erleichtert wie selten.

Sie hatte sich schnell auf den Heimweg gemacht. Immer war sie die erste, die ging, und morgens versuchte sie auch die letzte zu sein, die kam. Sie wollte einfach so wenig Zeit wie möglich mit ihren verhassten Klassenkameradinnen verbringen. In letzter Sekunde sprang sie auf die Trambahn auf, die sie nach Hause bringen würde, und stand nach fünfzehn Minuten vor ihrer Tür. Wie üblich war nur die Hausdame da. Tante Ada war als Assistentin fest in irgendeinem Modehaus angestellt, und dort hatte sie auch für beide Eltern einen Platz gefunden. Lindas Mutter arbeitete als Sekretärin, ihr Vater in der Buchhaltung des Hauses. Beide waren davon nicht begeistert, aber es war besser als nichts.

Linda ging in ihr Zimmer, schloss die Tür hinter sich, warf ihre Schultasche in die Ecke und wollte sich gerade verzweifelt auf ihr Bett werfen, als ihr etwas auffiel. Auf ihrem Kopfkissen lag ein kleiner Brief, sorgfältig an sie adressiert. Sie wendete den Brief und sah, dass er aus der Schweiz kam. Von Esther! Hektisch öffnete sie das Kuvert und überflog rasch die wenigen Zeilen. Sie freute sich, dass jemand an sie gedacht hatte. Und sie freute sich, dass es Esther offensichtlich gut ging. Wobei ihr Letzteres einen kleinen Stich versetzte, denn auch sie wäre lieber in die Schweiz gegangen. Dort hätte sie wenigstens eine Freundin und müsste sich nicht mit der neuen Sprache herumquälen.

Sie nahm ein Blatt Papier zur Hand und begann zu schreiben. Eine Brieffreundschaft mit Esther, das wäre wirklich das Schönste.

4

Elfte Verordnung zum Reichsbürgergesetz

§ 1. Ein Jude, der seinen gewöhnlichen Aufenthalt im Ausland hat, kann nicht deutscher Staatsangehöriger sein. Der gewöhnliche Aufenthalt im Ausland ist dann gegeben, wenn sich ein Jude im Ausland unter Umständen aufhält, die erkennen lassen, daß er dort nicht nur vorübergehend verweilt.

§ 2. Ein Jude verliert die deutsche Staatsangehörigkeit,
a) wenn er beim Inkrafttreten dieser Verordnung seinen gewöhnlichen Aufenthalt im Ausland hat, mit dem Inkrafttreten dieser Verordnung,
b) wenn er seinen gewöhnlichen Aufenthalt später im Ausland nimmt, mit der Verlegung des gewöhnlichen Aufenthalts ins Ausland.

§ 3. (1) Das Vermögen des Juden, der die deutsche Staatsangehörigkeit aufgrund dieser Verordnung verliert, verfällt mit dem Verlust der Staatsangehörigkeit dem Reich. Dem Reich verfällt ferner das Vermögen der Juden, die bei dem Inkrafttreten dieser Verordnung staatenlos sind und zuletzt die deutsche Staatsangehörigkeit besessen haben, wenn sie ihren gewöhnlichen

Aufenthalt im Ausland haben oder nehmen.

(2) Das verfallene Vermögen soll zur Förderung aller mit der Lösung der Judenfrage im Zusammenhang stehenden Zwecke dienen.
(...)

Aus: Sartorius, Verfassungs- und Verwaltungsrecht, Sammlung von Reichsgesetzen, -verordnungen und -erlassen, 15. Auflage, 1. April 1944, C. H. Beck

Schon wieder eine Freistunde. 45 Minuten sinnloses Herumsitzen im Aufenthaltsraum der Kollegstufe. So saß ich dort und fing an zu träumen. Meine Gedanken schweiften hierhin und dorthin und landeten letztlich bei Resi. Resi Prosel, die von 1936 bis 1943 in München gelebt und das Max-Josef-Stift besucht hatte. Resi Prosel, die leider nicht auf meine E-Mail geantwortet hatte. Resi ... Abrupt stand ich auf, mit dem festen Entschluss, in unserem Archiv diese Anlage zu finden. Sie musste da sein. Also ging ich in den ersten Stock, ließ mir die Tür von einem Lehrer öffnen, schloss die Schranktür auf und tauchte in die Geschichte ein. Ich nahm unterschiedliche Ordner heraus, arbeitete mich durch Ministerialbriefe, Elternbriefe, Anordnungen und Notenverzeichnisse. Nichts. Also nächster Ordner. Wieder von vorne anfangen, wieder kein Erfolg. Etliche weitere Ordner folgten, alle mit mehr oder weniger interessantem Inhalt, aber leider nie mit dem, was ich suchte.

„Briefe und Berichte an das Max-Josef-Stift", diesen Ordner nahm ich mir als nächstes vor. Ein Tagebuch von Herrn Bogenstätter, dem damaligen Direktor, der detaillierte Angaben über die Beschädigungen machte, die dem Max-Josef-Stift während des Jahres 1944 widerfuhren. Äußerst spannend. Ich blätterte ein wenig durch die Aufzeichnungen, die alle handschriftlich und schwer zu lesen waren. Ich ging zum Kopierer, kopierte mir alle 18 Seiten und begann zu lesen. Aber dann riss ich mich davon los. Ich suchte nach etwas anderem. Systematisch arbeitete ich mich durch den Ordner, bis mir endlich ein Skript mit dem Titel „Meine Schulzeit im Max-Josef-Stift 1936 - 1943" in die Hände fiel. Rechts oben in der Ecke stand per Hand ein Name geschrieben: Resi Prosel.

Ich hatte es gefunden! Es hätte mich auch sehr gewundert, wenn es abhanden gekommen wäre. Begierig begann ich zu lesen:

„Der politische und gesellschaftliche Wandel Deutschlands war bereits vollzogen und hatte auch vor unserer Schule nicht Halt gemacht. ... Unser Direktor, vom NS-Kultusministerium eingesetzt [...]"
„Jedesmal, wenn ein Windstoß die Fahnen an unseren Fenstern vorbeiflattern liess, rumpelten wir lautstark von unseren Bänken, standen stramm, erhoben die Hand zum deutschen Gruss und schrien ‚Heil Hitler!!!'[...]."

Mir wurde abwechselnd heiß und kalt. Das war wahrhaftig ein Zeitzeugenbericht. Von einem ganz normalen Mädchen, das offensichtlich nicht wusste, zu welchen Gräueltaten das Deutschland, in dem sie, lebte fähig sein würde. Der Bericht war keine Dokumentation, sondern eher eine subjektive Beschreibung der Situation, in der sich die Bevölkerung Deutschlands befand.

„Fast alle Schülerinnen waren im BDM." Der BDM war der Bund Deutscher Mädel, in den jedes Mädchen eintreten musste. Er stellte den weiblichen Zweig der Hitlerjugend dar; alle Mädchen im Alter von 10 bis 18 Jahren waren darin organisiert, und ab 1936 war es Pflicht, als Jugendlicher der HJ oder wenigstens einem Zweig der HJ anzugehören. Alle anderen Jugendorganisationen waren entweder verboten oder in die HJ eingegliedert worden.

„Wir hatten einen großen, schönen Schulgarten, wo wir auch unsere Pausenzeiten verbrachten. Dort hielt man auch bei aufgezogener Fahne die Appelle ab. Im März 1938 wurden die wenigen österreichischen Schülerinnen – ich war dabei – gebeten vorzutreten und wir wurden vom Rex mit Handschlag beglückwünscht, endlich heim ins Reich gekehrt zu sein."

„Gegen Ende der Ferien verdunkelte sich der politische Himmel. Man munkelte von Krieg. Reservisten wurden eingezogen. Mein Vater, der im ersten Weltkrieg drei Jahre in Sibirien sass, ging mit besorgter Miene durch seinen Simpl […]"

Der Simpl? Davon hatte ich doch schon einmal gehört. Aber ich konnte mich nicht mehr erinnern, was es bedeutete. Ewig brütete ich darüber und kam einfach nicht drauf.

„Die Überschriften der Zeitungen wurden immer grösser und blutig-rot gedruckt."

Als ich diesen Bericht las, ging bei mir sofort das Kopfkino los. Ich konnte mir genau vorstellen, wie die Schulzeit bei Resi ausgesehen hatte. Es war wie ein spannendes Buch, das man nicht mehr aus der Hand legen kann und dessen Fortsetzung man unbedingt kennen will.

Bevor ich wieder in den Unterricht musste, kopierte ich das Skript und auch das Tagebuch von Herrn Bogenstätter. Ich legte die Originale wieder zurück in den Ordner, verschloss den Schrank, löschte das Licht und verließ den Raum.

Das Schreiben von Resi Prosel hatte mich nachhaltig beeindruckt. Es war informativ und aufschlussreich und offenbarte schreckliche Wahrheiten. Allerdings hatte ich einige offene Fragen. Was genau war der Simpl?

Kaum war ich wieder daheim, wurde die Lösung von Wikipedia frei Haus geliefert. Eine gewisse Kathi Kobus hatte den „Simpl" in der Türkenstraße im Jahre 1903 eröffnet, und zu dessen Stammgästen gehörten die Schriftsteller des „Simplicissimus", wie Ludwig Thoma und Thomas Theodor Heine. Der Simplicissimus war eine Satirezeitschrift, die bis zum Jahre 1944 bestand. Ihr Wappentier war eine rote Bulldogge, genauso wie das Wappentier des Lokals. Der „Simpl" wurde als Künstlerkneipe schnell bekannt, und Frau Kobus unterstützte diesen Ruf, indem sie beispielsweise Karl Valentin, Joachim Ringelnatz und Theo Prosel auf die Bühne holte.

Als ich das gelesen hatte, stockte mir der Atem. Prosel? Prosel wie Resi Prosel? Das war eindeutig Resis Vater, und er hatte nicht nur als Wirt im Simpl gearbeitet, sondern war vorher schon Kabarettist gewesen. Im Jahre 1935 hatte er dann den Simpl übernommen, und als das Lokal 1944 ausgebombt wurde, gründete er ein neues Lokal mit dem – wirklich originellen – Namen „Neuer Simpl". Allerdings blieb nach der Währungsreform 1950 die Kundschaft aus und das Lokal musste schließen. Fünf Jahre später starb Theo Prosel.

Diese Informationen hatten mich einen entscheidenden Schritt weitergebracht. Gewiss würde mir Frau Prosel noch einiges über den Simpl erzählen, wenn sie auf meine Mail antworten und ein Treffen mit mir vereinbaren würde.

In ihrem Schreiben sprach Resi auch häufig von einem Pater Delp. Über ihn musste ich ebenfalls erst Nachforschungen anstellen. Pater Delp war einer der wenigen katholischen Pfarrer, die sich aktiv gegen das Nazi-Regime gestellt hatten. Er war zunächst evangelisch getauft und sogar konfirmiert worden. Dann hatte er allerdings einen Streit mit dem evangelischen Pfarrer und konvertierte daraufhin zum katholischen Glauben. Nach seinem Abitur war Pater Delp in den Jesuitenorden eingetreten. Er arbeitete an der Zeitschrift „Stimmen der Zeit" mit, die nach 1941 nicht mehr erscheinen durfte. Ab 1942 war er auch an der Entwicklung einer neuen Gesellschaftsordnung für die Zeit nach dem Nationalsozialismus beteiligt. Kurz nach dem Stauffenberg-Attentat – der „Operation Walküre" – wurde er verhaftet. Pater Delp war nicht aktiv an dem Attentat auf Hitler beteiligt gewesen, aber die Nazis brauchten einen Vorwand, um ihn zu verhaften. Er war ihnen schon lange Zeit ein Dorn im Auge gewesen. Sein Engagement als jesuitischer Pfarrer und seine christlich-soziale Weltanschauung genügten, um ihn als Hoch- und Landesverräter zu verurteilen.

Pater Delp wurde festgenommen, verurteilt und hingerichtet. Das Urteil wurde am 2. Februar 1945 in Berlin vollstreckt.

Aber eben diesen Pater, kannte Resi persönlich, da sie regelmäßig seine Messen besuchte.

1936

Schon ein Jahr war vergangen, seit sie sich entschlossen hatten zu heiraten. Ein ganzes, furchtbar langes Jahr. Es hatte einfach nichts gepasst. Sebastians Vater war schwer erkrankt und den Ärzten war schnell klar gewesen, dass es keine

Heilung geben würde. Also hatte Sebastian so viel Zeit wie möglich mit seiner Familie verbracht und die letzten Monate mit seinem Vater genossen. Auch Aurora war sehr stark in die Familie eingebunden worden, und als Sebastians Vater schließlich starb, hatte das sie mehr erschüttert als gedacht. Vor allem war aber Sebastian am Boden zerstört, und den Gedanken ans Heiraten mussten sie erst einmal weiter verschieben.

Inzwischen lag der Tod von Sebastians Vater schon fast sechs Monate zurück, und sie hatten gerade wieder angefangen, erste Hochzeitspläne zu schmieden, als Sebastian seinen Einberufungsbefehl bekam. Der Wehrdienst würde für ihn zwar nur ein Jahr dauern, aber dennoch würden sie sich zumindest die nächsten drei Monate nicht mehr sehen. Also hatten sie beschlossen zu warten. Darauf, dass alles einfach besser passte.

Aurora verbrachte viel Zeit mit Sebastians Familie und war dort häufig zu Besuch, vor allem jetzt, da sie ohne Sebastian doch ziemlich einsam war. Alle mochten sie sehr gern. Sebastian hatte noch einen kleineren Bruder, Paul, und eine Schwester namens Rosa. Paul war 14, Rosa 13 und auch sie besuchte das Max-Josef-Stift, inzwischen in der dritten Klasse des Lyzeums. Somit waren sie und Aurora Schwestern im Geiste und verstanden sich hervorragend.

Auch mit Paul kam Aurora gut aus; allerdings hatten sie relativ wenig zu besprechen. Alles, was Paul spannend fand, interessierte Aurora gar nicht und umgekehrt. Trotzdem waren sie stets bemüht, miteinander ins Gespräch zu kommen, und hin und wieder hatten sie auch tatsächlich etwas zu besprechen. Gerade kürzlich hatte ihr Paul mit stolzgeschwellter Brust von seinen Abenteuern im Zeltlager der HJ erzählt. Dort hatten sie gelernt, wie man sich im Feld bewegt und woran man Juden schon auf einen Kilometer Entfernung einwandfrei erkennen könne. Zuerst war Aurora schockiert gewesen, als Paul ihr sorgfältig darlegte, wie sich die Nase eines Juden von der eines echten Deutschen unterschied, aber dann hatte sie ihm aufmerksam zu gehört. Es war schon erstaunlich, aber je mehr Paul in die Details ging, umso wissenschaftlicher klang es. Das machte ihr Angst. Sie hatte während ihrer Ausbildung im Krankenhaus schon viel gesehen, aber noch nie hatte sie auf körperliche Details geachtet, an denen sie womöglich erkennen konnte, ob sie einen Juden oder einen Deutschen behandelte. Und nun kam Paul mit dieser Aussage, die sie einfach nicht verstehen konnte.

„Ja, Paul, schön und gut, dass ich einen Juden jetzt aus einem Kilometer Entfernung erkennen kann. Aber was wird mir das jemals nützen?"

Paul setzte ein überlegenes Gesicht auf. Nachdem er eine Kunstpause eingelegt hatte, sagte er mit gewichtiger Stimme: „Gerade du solltest den Unterschied kennen, Aurora."

Als sie ihn fragend anblickte, holte er tief Luft und sah sie an wie ein Kleinkind, dem man erklären muss, dass eins und eins zwei ergibt.

„Du bist im Krankenhaus tätig und mit deiner Arbeit hast du die Möglichkeit, Menschen zu heilen und ihnen zu helfen. Dieses Talent sollte auf keinen Fall an Juden verschwendet werden."

Aurora zog beide Augenbrauen hoch. „Ach, und warum nicht?"

„Juden sind unwürdiges Leben, Aurora. Es wäre völlig sinnlos, sie so zu behandeln wie echte Menschen. Es wäre eine Verschwendung von Kapazitäten, nein, viel schlimmer, es wäre eine Sünde!"

Aurora wäre beinahe vom Stuhl gefallen. Solche Worte von ihrem sonst so netten und herzlichen Schwager in spe zu hören, das war schon ein starkes Stück. Dagegen musste sie einfach etwas einwenden.

„Nun hör mir mal zu, mein Lieber", begann sie mit kaum unterdrückter Wut in der Stimme. „Wir helfen in unserem Krankenhaus jedem ..."

Doch dann zögerte sie. Als wäre der Strom in ihrem Kopf eingeschaltet worden, begannen plötzlich Bilder vor ihrem inneren Auge vorbeizuziehen. Dieser alte Mann, der blutend mit einer Schnittwunde an der Hand bei ihnen in der Notaufnahme gestanden hatte. Keiner hatte sich um ihn gekümmert, obwohl er mehrfach um einen Arzt gebeten hatte. Am Ende hatte ihm eine Oberschwester Verbandszeug in die Hand gedrückt und ihm gesagt, dass einfach kein Arzt ihn behandeln könne. Und diese Frau, die an so furchtbaren Rückenschmerzen litt und der sie kein Schmerzmittel hatte geben dürfen. Die Schwangere, die längst in den Wehen gelegen hatte und für die sie einfach keinen Platz im Kreissaal gehabt hatten. Und das kleine Mädchen, das sie trotz Lungenentzündung und Fieber nach Hause geschickt hatten. Waren das alles Juden gewesen?

Natürlich. Jetzt war es ihr klar. Jedes Mal hatte sie die Ausrede gehört, dass die Ärzte diese Menschen nicht behandeln konnten, und häufig war die Bemerkung gefallen, dass eine Behandlung sowieso nutzlos sei. Sie hatte es auf den Gesundheitszustand der Patienten geschoben, aber nein, es hatte an ihrem „Wert" gelegen. Sie waren unwert.

Paul blickte Aurora gespannt ins Gesicht. Er hatte ihr Mienenspiel genau beobachtet und lächelte sie nun spitzbübisch an. „Die Ärzte aus deinem Krankenhaus machen es schon richtig, oder? Die erkennen eben eine Judennase."

Wenn sie an diese Geschichte dachte, wurde ihr immer noch schlecht. Aber nun hatte sie begonnen, darauf zu achten, und es war tatsächlich so, dass bei ihnen keine Juden behandelt wurden. Und nach dem, was Paul ihr erzählt hatte, bezweifelte sie stark, dass es nur daran lag, dass Juden eben keine Behandlung nötig hatten. Plötzlich wusste sie, dass sie endlich anfangen musste, sich mehr für Politik zu interessieren, denn die war nun auch bei ihr im Krankenhaus allgegenwärtig. Und sie verstand auch, dass sie nicht nur irgendwie von der Politik beeinflusst wurde. Nein, sie selbst war die Politik. Sie stand nicht mehr am Rand und schaute unauffällig zu, was die anderen machten, sondern sie war mittendrin.

Scheiße! Sie sagte es nicht, sie dachte es nur. Aber genau das war es. Richtig scheiße. Warum hatte sie sich nur so aufgeführt? Sie hätte sich einfach nur so verhalten müssen wie immer, wie es auch alle anderen in der Schule taten. Aber nein, heute hatte Marita ihren Sturkopf durchsetzen müssen. Das war definitiv ein Schuss in den Ofen gewesen. Sie hatte aber auch denkbar schlechte Laune gehabt und nicht die geringste Lust auf den ganzen Nazi-Klimbim. Sie hatte schlecht geschlafen und war viel zu spät von zu Hause losgelaufen. Deshalb hatte sie den ganzen Schulweg rennen müssen, kam völlig aus der Puste und verschwitzt an, war zu diesem Zeitpunkt schon richtig schlecht gelaunt, musste im Anschluss zehn Minuten stramm stehen, dieses blöde SA-Lied singen und dann auch noch zusehen, wie sie wie jeden Morgen die bescheuerte Fahne hissten und dabei deutsch grüßten. Wem wäre das nicht zu viel gewesen? Also hatte sie sich entschlossen, die Fahne beim Hochziehen nicht anzusehen und zu grüßen, sondern sich völlig erschöpft auf den Boden gesetzt und den Kopf in die Hände gestützt.

Natürlich war ihr Verhalten sofort von einer

Lehrerin bemerkt worden, ausgerechnet von ihrer BDM-Leiterin. Fräulein Steller hatte sie sofort aufgefordert, sich gefälligst wieder hinzustellen und zu grüßen, aber Marita wollte nicht. Sie wollte einfach nicht. Was sollten sie denn tun? Man würde sie ja nicht bestrafen, nur weil sie nicht mehr stehen konnte und schlecht gelaunt war. Zumindest hatte sie das gedacht. Aber sie hatte nicht mit Fräulein Steller und Herrn Dr. Herting gerechnet. Sofort nach dem Appell war sie ins Direktoratszimmer gerufen worden. Dort stand Dr. Herting, groß, blond, das goldene Parteiabzeichen auf der Brust und vor Wut schon rot angelaufen. Kaum hatte Fräulein Steller die Tür geschlossen, begann er Marita auch schon anzuschreien: „Das ist Hochverrat am Vaterland! Das ist Hochverrat am Führer und an der NSDAP! Was glaubst du eigentlich, was du da tust?!"

So ging es noch eine volle halbe Stunde weiter, bis Marita anfing zu weinen. Als der Direktor das sah, entließ er sie, nicht ohne ihr mit auf den Weg zu geben, dass Weinen nur für etwas Schwächlinge sei und dass es ein Nachspiel geben werde. Das kam tatsächlich, schneller als sie sich hätte träumen lassen. Zur Hausaufgabenzeit kam Fräulein Steller erneut in ins Klassenzimmer und führte sie abermals zum Zimmer des Direktors. Wie geheißen hatte Marita all ihre Schulsachen zusammengepackt und mitgenommen. Fräulein Steller befahl ihr, vor der Tür zu warten, und betrat selbst das Büro. Sie hörte Stimmen, und nach gut fünfzehn Minuten kamen ihre Eltern aus dem Zimmer. Man hatte sie offensichtlich von der Arbeit direkt in die Schule beordert. Und das war wirklich scheiße.

Beide standen mit zornigen Mienen vor ihr, und an der Röte im Gesicht des Direktors erkannte Marita, dass er auch ihre Eltern angeschrien hatte.

„Wir haben eine angemessene Bestrafung für dich gefunden", bellte Dr. Herting. Sie sah ihn angsterfüllt an.

„Du wirst ab sofort für zwei Wochen vom Unterricht suspendiert!", schrie er. „Außerdem wirst du mit sofortiger Wirkung aus dem BDM ausgeschlossen. Du bist einer Mitgliedschaft offensichtlich nicht würdig. Gehorsam ist die oberste Pflicht eines jeden Deutschen!"

Fräulein Steller, die schräg hinter ihm stand, nickte zustimmend. Ihre Eltern würdigten Marita keines Blickes. Sie verabschiedeten sich bei den Lehrern, dankten ihnen für ihre Zeit und versprachen, ihre eigenen erzieherischen Maßnahmen zu ergreifen, um ein solches Verhalten in Zukunft ausschließen zu können.

Ihre Eltern schritten im Stechschritt voran, und Marita trottete bedröppelt hinterher. Wieso musste sie ihren Sturkopf immer im falschen Moment einschalten? Sie kannte sonst niemanden, der sich nur wegen seiner eigenen Faulheit in solche Schwierigkeiten brachte.

Was sie zu Hause erwarten würde, war klar.

Ihre Mutter würde sie anschreien und ihr Vater würde sie verprügeln, sodass sie ein paar Tage lang nicht mehr würde sitzen können. Außerdem würde sie Hausarrest bekommen. Und das alles nur, weil sie müde und schlecht gelaunt gewesen war. Das hatte sich wirklich nicht gelohnt, es war einfach nur dumm von ihr gewesen. Wenigstens einen Lichtblick hatte das Ganze – sie würde endlich nicht mehr zum BDM gehen müssen.

Erika hatte sich verändert. Sie war nicht mehr das zornige und aufbrausende Wesen, sondern hatte wieder zu sich selbst gefunden. Dafür gab es einen einfachen Grund: Weil sie nicht wusste, wo sie mit sich hin sollte, war sie der NS-Frauenschaft beigetreten. Ihr Vater und auch ihre Brüder hatten das sehr begrüßt. Fortan war sie jede Woche an einem Abend zu den Treffen des Vereins gegangen, wollte aber schnell mehr. Sie war begeistert von der Art der Frauen, Probleme anzugehen. Sie verstanden, worum es im Leben wirklich ging. Und Erika hatte es gut aufgreifen können.

Innerhalb des Vereins gab es verschiedene Möglichkeiten, aufzusteigen. Erika hatte eine recht gute Karriere hingelegt und war seit kurzem befugt, Lehrveranstaltungen an Schulen zu leiten. Unter anderem auch an ihrer ehemaligen Schule dem Max-Josef-Stift. Sie fühlte sich gut dabei, dass sie jetzt einiges von ihrem Wissen weitergeben konnte. Immerhin war sie schon weit genug, um den Mädchen zu erklären, wie man sich als gute deutsche Frau zu verhalten hatte. Auch heute würde sie wieder an die Schule zurückkehren und eine ihrer Unterrichtseinheiten abhalten.

Da war sie also. Erika betrat wieder den Ort, an dem sie so viele schöne Tage verbracht hatte. Allerdings ließ der Anblick des Brunnens ihre Laune sofort wieder sinken. Sie musste daran denken, wie Sebastian hier jeden Tag auf Aurora gewartet hatte. Und plötzlich erinnerte sie sich wieder daran, wie sehr sie sich gewünscht hatte, er würde auch sie einmal ansehen. Wenigstens hatten die beiden noch nicht heiraten können. Der Gedanke bereitete Erika eine gewisse Genugtuung. Bei den beiden lief im Moment alles schief, und das belustigte sie. Sie wollte ihnen ihr Glück einfach nicht gönnen. Hatte sie es denn nicht viel mehr verdient als Aurora? Die wäre sicherlich eine schlechte Ehefrau. Viel zu oft wollte sie ihren eigenen Kopf durchsetzen, und ihrem Mann würde sie damit sicher Probleme bereiten. Außerdem war Aurora die Sorte Frau, die überhaupt nicht gehorchen konnte. Für jedes Ge- oder Verbot wollte sie immer einen Grund, eine Erklärung.

Erika dagegen hatte längst verstanden, dass eine gute Ehefrau einfach zu gehorchen hatte, ohne Wenn und Aber. Und dann war da noch die Sache mit dem Kinderkriegen. Aurora war viel zu schmal gebaut, um kräftige und gesunde Jungen zur Welt zu bringen; das konnte jeder sehen, dazu musste man kein Arzt sein. Aber auch die Ärzte hätten es sicherlich bestätigt. Die Kinder, die Aurora bekommen würde, wenn sie dazu überhaupt jemals in der Lage wäre, würden alle furchtbare Schwächlinge sein. Und sobald sich das herausgestellt hätte, würde auch Sebastian merken, welch eine schlechte Wahl er mit Aurora getroffen hatte. Dann hätte Erika triumphiert.

Diese Gedanken heiterten sie wieder auf. Sie ging durch das Schulportal zu dem Klassenzimmer, in dem sie ihren Vortrag halten würde.

Sie hörte schon das Stimmengewirr schnatternder Mädchen, die sich so angeregt unterhielten, als hätten sie sich seit Jahren nicht gesehen. Doch Erika war schon einmal hier gewesen, und sie hatten sofort lernen müssen, dass sie Ungehorsam keinesfalls duldete. Letztes Mal, als die Mädchen nicht spurten, war sie augenblicklich streng geworden und hatte ihnen klar gemacht, dass Ungehorsam einem Verrat am Vaterland gleichkam. Außerdem hatte sie unverzüglich Dr. Herting über das unangemessene Verhalten der Mädchen informiert. Einige hatten daraufhin großen Ärger bekommen. Aber den hatten sie auch verdient; Erika verspürte keinerlei Mitleid mit ihnen. Überhaupt hielt sie nicht viel davon, Milde walten zu lassen. Wie sollte man die Mädchen so auf den harten Alltag als Mutter vorbereiten?

Sie betrat den Raum, und sofort breitete sich

Stille aus. Alle starrten sie nur an. Sie hob die Hand und sagte: „Heil Hitler!"

Die Mädchen sprangen auf, erhoben den Arm und antworteten ebenfalls mit einem inbrünstigen „Heil Hitler!". Erika nickte ihnen grüßend zu und gebot ihnen mit einer Handbewegung, sich zu setzen.

Sie wusste, dass ihre Aufgabe darin bestand, die Mädchen zu dem zu machen, was die Gesellschaft am dringendsten benötigte. Diese Mädchen mussten die Mütter starker und gesunder Söhne werden, die der arischen Rasse und den deutschen Tugenden entsprachen. Männer, die das deutsche Blut bis auf den Tod verteidigen würden. Und sie musste die Mädchen jetzt schon darauf vorbereiten, dass es für sie nicht Großartigeres geben konnte, als einen ihrer Söhne für die deutsche Sache zu opfern. Sie mussten jetzt schon lernen, dass die Beziehung zwischen Mutter und Kind auf keinen Fall eine enge und liebevolle, sondern eine strenge und distanzierte sein musste. Nur so würden aus den Kindern keine Muttersöhnchen, die sich nicht im Kampf bewähren konnten. Auch mussten die zukünftigen Töchter der Mädchen zu starken deutschen Frauen werden, die ebenfalls ihren Dienst am Vaterland würden erfüllen können. Es war also eine sehr wichtige Aufgabe.

Alle Mädchen starrten Erika gebannt an. Der Vortrag konnte beginnen.

Lindas Situation in Paris hatte sich kein bisschen zum Guten verändert. Im Gegenteil, sie hatte das Gefühl, dass es immer schlimmer wurde. Obwohl sie schon fast einwandfrei Französisch sprach und ihr Akzent kaum noch erahnen ließ, dass Deutsch ihre Muttersprache war, hatten die ersten paar Monate sie derartig zur Außenseiterin werden lassen, dass es kein Zurück mehr für sie gab. Sie war isoliert, von allem und jedem. Allerdings unternahm sie hin und wieder etwas mit Anneliese. Auch die war sehr einsam und schaffte es einfach nicht, in die Klassengemeinschaft integriert zu werden. Also waren sie gemeinsam einsam.

Oft sprachen sie über ihre guten Tage in Deutschland und wie gerne sie zurückgehen würden, aber es war klar, dass ihre Eltern dem nie zustimmen würden. Anders als die Mädchen hatten deren Eltern nämlich ihren Frieden in Paris gefunden. Es gefiel ihnen ausgesprochen gut. Lindas Eltern verstanden sich zudem exzellent mit ihrer Tante Ada, und deshalb sahen sie keinen Grund, die Stadt zu verlassen. Dass Linda so unglücklich war, beschäftigte die Eltern schon; sie machten sich Sorgen um ihre Tochter. Allerdings gaben sie Linda eine Teilschuld an der Situation. Sie warfen ihr vor, dass sie sich absichtlich isolierte und sie sich einfach mehr Mühe geben musste. Linda hasste es, wenn die Eltern ihr diesen Rat gaben. Gib dir mehr Mühe! Als könnte sie zu ihren Mitschülerinnen gehen, sie schütteln und schreien: „Mögt mich! Mögt mich doch bitte!" Und ihre Mitschülerinnen würden dann sagen: „Klar, jetzt wo du es sagst ... du bist ganz nett!"

Die Situation war also unverändert schlecht. Obwohl Lindas Eltern hier recht glücklich waren, hatte es letzte Woche ein einschneidendes Erlebnis für sie gegeben. Durch ihre Flucht aus Deutschland hatten sie ihre Staatsbürgerschaft verloren und waren seither staatenlos. Auch hatten sie ihren gesamten Besitz, ihr Haus, ihre Möbel und sonstigen Habseligkeiten dem Reich überlassen müssen. Wobei der Verlust ihres Besitzes nicht das größte Problem gewesen war; sie hatten alle damit gerechnet, dass sie ihre Sachen niemals wiederbekommen würden. Problematisch war nur die Staatenlosigkeit gewesen. Also hatten sie die französische Staatsbürgerschaft beantragt, aber die war ihnen nun versagt worden. Einen konkreten Grund hatte man ihnen nicht genannt. Es hieß einfach nur, es ginge nicht. Für Linda war das ein Zeichen. Sie gehörte hier einfach nicht her. Ihr Plan war es, nach Deutschland zurückzukehren. Sicherlich würde sie bei einer ihrer Freundinnen unterkommen, und sie musste ja niemandem sagen, dass sie Jüdin war.

5

Gesetz zur Verhütung erbkranken Nachwuchses

§ 1. (1) Wer erbkrank ist, kann unfruchtbar gemacht (sterilisiert) werden, wenn nach den Erfahrungen der ärztlichen Wissenschaft mit großer Wahrscheinlichkeit zu erwarten ist, daß seine Nachkommen an schweren körperlichen oder geistigen Erbschäden leiden werden.

(2) Erbkrank im Sinne dieses Gesetzes ist, wer an einer der folgenden Krankheiten leidet:
1. angeborenem Schwachsinn,
2. Schizophrenie,
3. zirkulärem (manisch-depressivem) Irresein,
4. erblicher Fallsucht,
5. erblichem Veitstanz (Huntingtonsche Chorea),
6. erblicher Blindheit,
7. erblicher Taubheit,
8. schwerer erblicher körperlicher Missbildung.

(3) Ferner kann unfruchtbar gemacht werden, wer an schwerem Alkoholismus leidet.

§ 2. (1) Antragsberechtigt ist derjenige, der unfruchtbar gemacht werden soll. Ist dieser geschäftsunfähig oder wegen Geistesschwäche entmündigt oder hat er das achtzehnte Lebensjahr noch nicht vollendet, so ist der gesetzliche Vertreter antragsberechtigt; (...)

§ 3. Die Unfruchtbarmachung können auch beantragen
1. der beamtete Arzt,
2. für die Insassen einer Kranken-, Heil- oder Pflegeanstalt oder einer Strafanstalt der Anstaltsleiter.
(...)

§ 10a. (1) Hat ein Erbgesundheitsgericht rechtmäßig auf Unfruchtbarmachung einer Frau erkannt, die zur Zeit der Durchführung der Unfruchtbarmachung schwanger ist, so kann die Schwangerschaft mit Einwilligung der Schwangeren unterbrochen werden, es sei denn, daß die Frucht schon lebensfähig ist oder die Unterbrechung der Schwangerschaft eine ernste Gefahr für das Leben oder die Gesundheit der Frau mit sich bringen würde.

(2) Als nicht lebensfähig ist die Frucht dann anzusehen, wenn die Unterbrechung vor Ablauf des sechsten Schwangerschaftsmonats erfolgt.
(...)

§ 12. (1) Hat das Gericht die Unfruchtbarmachung endgültig beschlossen, so ist sie auch gegen den Willen des Unfruchtbarzumachenden auszuführen, sofern dieser allein den Antrag gestellt

hat. Der beamtete Arzt hat bei der Polizei die erforderlichen Maßnahmen zu beantragen. Soweit andere Maßnahmen nicht ausreichen, ist die Anwendung unmittelbaren Zwanges zulässig.
(...)

Aus: Sartorius, Verfassungs- und Verwaltungsrecht, Sammlung von Reichsgesetzen, -verordnungen und -erlassen, 15. Auflage, 1. April 1944, C. H. Beck

Obwohl ich im Archiv vorrangig nach Zeitzeuginnen suchen wollte, fielen mir hin und wieder auch andere sehr interessante Aufzeichnungen in die Hände. So markierte das Jahr 1935 einen tiefen Einschnitt im Max-Josef-Stift, denn in diesem Zeitraum kam es zu vielfachen Entlassungen innerhalb des Kollegiums. Seit 1927 hatte Frau Gräfin Lambsdorff die Leitung der Schule inne. Nach allen Berichten, die ich gelesen habe, muss sie eine hervorragende Schulleiterin gewesen sein. Zu allen Schülerinnen an der Schule hatte sie ein ausgesprochen gutes, nahezu liebevolles Verhältnis. Aus Gründen, die aus den Unterlagen nicht einwandfrei hervorgehen, sollte die Gräfin aber trotzdem ausgetauscht werden und wurde unter einem Vorwand aus dem Schuldienst entlassen. Meine persönliche Vermutung ist, dass die Umerziehung der Mädchen im Sinne der nationalsozialistischen Ideologie zur obersten Priorität geworden war. Die Gräfin war dem Regime offensichtlich nicht treu ergeben und folgte nicht blind jeder Anweisung des Ministeriums.

Aus einer Niederschrift über eine Lehrerversammlung vom 30. September 1935 geht hervor, mit welcher vorgeschobenen Begründung die Gräfin aus dem Schuldienst entlassen wurde. Unter anderem warf man ihr vor, der Kommunistischen Partei anzugehören. Als sie beweisen konnte, dass dem nicht so war, wurde als Argument angeführt, dass ihr Ehemann kommunistische Veranstaltungen besucht habe. So etwas war um 1935 ein schwerwiegender Vorwurf. Der Besuch einer anderen politischen Veranstaltung als einer nationalsozialistischen wurde mit Hochverrat gleichgestellt.

Betrachtet man dieses Argument aus heutiger Sicht, denkt man sofort, dass eine Frau nicht dafür bestraft werden kann, was ihr Mann möglicherweise verbrochen hat. Das hieße aber zu verkennen, dass die Gesellschaft um 1935 alles andere als emanzipiert war. Verfehlungen des Familienvaters fielen grundsätzlich auf die gesamte Familie zurück. Das Absurdeste an der erhobenen Anschuldigung ist jedoch die Tatsache, dass der Ehemann der Gräfin Lambsdorff bereits 1920 verstorben war.

Um die an den Haaren herbeigezogene Anklage dennoch zu stützen, wurde angeführt, dass auch der Bruder der Gräfin sich kommunistisch betätigt hatte und dafür sogar gerichtlich belangt worden war. Allerdings lebte dieser Bruder 1935 schon sechs Jahre im Exil und hatte nie wieder einen Fuß auf deutschen Boden gesetzt.

Obwohl die Anklage derart schwach und lückenhaft war und jeder erkennen konnte, dass die Gräfin sich nichts hatte zuschulden kommen lassen, wurde ihr die Anstaltsleitung entzogen und sie aus dem Beamtenverhältnis entlassen.

Wie der Gräfin erging es auch etlichen anderen Lehrern, die allerdings meist mit der schlichten Begründung entlassen wurden, dass sie zum nationalsozialistischen Staat noch nicht die Einstellung gefunden hatten, die von einem Lehrer verlangt wurde.

Als Ersatz für die Gräfin wurde Dr. Georg Herting als Schulleiter am Stift eingesetzt, ein glühender Anhänger des Nationalsozialismus, der das goldene NSDAP-Parteiabzeichen trug. Er sollte dafür Sorge tragen, dass die Mädchen konsequent im nationalsozialistischen Sinne umerzogen wurden. Dafür schaffte man beinahe alle Traditionen der Schule ab. So trat an die Stelle der Schuluniform die Einheitskleidung des BDM, und die Kreuze in den Klassenzimmern wurden durch Hitler-Portraits ersetzt. Das gemeinsame morgendliche Gebet wandelte sich zum Appell auf dem Schulhof.

Die Entlassung von Gräfin Lambsdorff zeigt wohl am deutlichsten, dass die Schule umstrukturiert werden sollte. Offensichtlich fielen diese Maßnahmen auf fruchtbaren Boden, denn bei einem meiner Streifzüge durchs Archiv habe ich mehrere Dokumente gefunden, die die Mitgliedschaft der Lehrer im Nationalsozialistischen

Lehrerbund (NSLB) belegen und ein sprunghafter Anstieg an Mitgliedschaften am Max-Josef-Stift nach Entlassung der Gräfin zu verzeichnen ist. Der NSLB war bereits 1927 als Parteiorgan der NSDAP gegründet worden und blieb nach der Machtübernahme der Nationalsozialisten als einzige genehmigte Vereinigung von Lehrern übrig. Hier wurden den Lehrern durch Schulungen neue Unterrichtsinhalte wie Rassenkunde nähergebracht, damit ein einwandfreier und ausführlicher Schulunterricht möglich war.

Zudem wurde innerhalb der Lehrerschaft das beliebteste Druckmittel des Nationalsozialismus eingesetzt, nämlich Terror. Dieser reichte von Bespitzelungen, Überwachungen und Unterrichtskontrollen bis zu Versetzungen und Entlassungen. Der NSLB war an der Schule offensichtlich gut organisiert. So wird etwa im 123. Jahresbericht der Schule darauf hingewiesen, dass alle Lehrer Mitglieder waren und einige sich besonders hervortaten, wie beispielsweise Fräulein Palm als Vertrauensfrau.

Was die Unterlagen nicht beantworten, ist die Frage, wie freiwillig die Beteiligung am Nationalsozialistischen Lehrerbund war. Dies lässt sich wahrscheinlich auch nicht abschließend klären. Die Mitgliedschaft und vor allem auch der Erfolg innerhalb einer solchen Vereinigung bedeutete immer einen recht schnellen beruflichen Aufstieg an der Schule. Durch das Engagement in solchen Vereinen ließ sich nämlich feststellen, wer bekennender und treuer Nationalsozialist war. Natürlich lag es im Interesse des Regimes, diese Lehrer zu befördern und an möglichst zentralen Positionen einzusetzen, um eine schnellstmögliche Umerziehung der Schülerinnen und Schüler zu gewährleisten.

Offenbar waren diese Bestrebungen erfolgreich, denn ab dem Jahre 1934 besuchte die Nichte von Heinrich Himmler das Max-Josef-Stift. Die Schülerin Höfl wäre sicherlich niemals auf diese Schule geschickt worden, wenn diese nicht eine perfekt gleichgeschaltete nationalsozialistische Anstalt gewesen wäre.

Interessanterweise verriet nur ein Nebensatz, dass Fräulein Höfl die Nichte von Heinrich Himmler war. In einem Dokument, das eine – relativ uninteressante – Lehrerkonferenz protokollierte, stand: „Die Schülerin Höfl [...] hat folgenden Ausspruch getan: ‚Wenn man an der Palm vorbei geht und grüsst sie, dann antwortet sie nicht dieses Schwein. Da müssen wir mal wieder zu unserem Onkel Himmler gehen!'"

Bis dato hatte ich nicht gewusst, dass Himmlers Nichte überhaupt in München gewohnt hatte, und schon gar nicht, dass sie auf unserer Schule war. Bis zum Ende meiner Schulzeit hat auch keiner meiner Lehrer dies jemals erwähnt. Vielleicht wussten sie es einfach nicht. Oder es wurde eben totgeschwiegen.

1937

Aurora war aufgeregt. Es würde ihre erste Operation sein. Sie hatte sich schon so lange darauf gefreut, endlich als OP-Schwester bei einer Operation assistieren zu dürfen. Sie war in ihrem dritten und letzten Lehrjahr und hatte bisher in allen Belangen mit überdurchschnittlichem Einsatz und enormer Fachkompetenz überzeugt. Bei den Ärzten war sie als Beste ihres Jahrgangs bekannt, und auch die Anerkennung ihrer Kolleginnen hatte sie sich inzwischen erarbeitet. Deshalb war sie sehr stolz gewesen, als Dr. Hassler auf sie zugekommen war und ihr feierlich mitgeteilt hatte, dass sie bei seiner nächsten Operation assistieren dürfe. Sie würde heute erst erfahren, worum es ginge, aber da Dr. Hassler Facharzt für Gynäkologie im Krankenhaus war, hoffte sie sehr, es würde ein Kaiserschnitt sein. Sie liebte Geburten. Die glückliche Mutter und das süße Kind, das war für sie jedes Mal ein kleines Wunder. Aber sie würde abwarten müssen.

Sie kam ins Krankenhaus und ging sofort zu ihrer Oberschwester, um zu erfahren, um welche Operation es sich handeln würde. Diese aber war wie immer mitten in einem Gespräch, und so musste Aurora kurz warten. Anschließend wandte sich die Oberschwester an sie: „Und wie kann ich ihnen helfen?"

Aurora bat um Auskunft, auf welche Operation sie sich vorbereiten musste. Als sie erfuhr, was es war, wurde ihr ganz flau. „Es handelt sich heute um eine Abtreibung und Sterilisierung", sagte die Oberschwester. „Sie haben um Punkt vierzehn Uhr im OP-Saal 3 zu sein. Bitte halten Sie jedoch mit Dr. Hassler Rücksprache, ob er Sie für die Vorbereitung benötigt."

Sie sah Auroras Gesichtsausdruck und fügte hinzu: „Ich weiß, das ist für die erste Operation nicht gerade das Angenehmste. Aber sehen Sie es als Kompliment. Dr. Hassler scheint Sie für gefestigt genug zu halten, um eine solche Operation zu unterstützen. Außerdem ist es leider so, dass auch die unbeliebten Aufgaben erledigt werden müssen. Nehmen Sie sich das nicht so zu Herzen. Nächstes Mal wird es sicherlich angenehmer."

Aurora fühlte sich gar nicht so gefestigt. Abtreibungen empfand sie als besonders furchtbar und als Frevel. Aber wenn Dr. Hassler dem Eingriff bereits zugestimmt hatte, musste es einen triftigen Grund dafür geben. Immerhin traf er solche Entscheidungen unter dem Gesichtspunkt des hippokratischen Eides. Auch er hatte ja geschworen, Leben zu retten und nicht zu verhindern. Auch die Unfruchtbarmachung schockierte Aurora nicht weniger. Es war eine so furchtbar endgültige Entscheidung.

Sie suchte Dr. Hassler auf. Er war in seinem Büro und brütete gerade über einer Patientenakte, als Aurora klopfte.

„Herein!", hörte sie ihn sagen. Sie betrat das Arbeitszimmer und Dr. Hassler grüßte mit einem fröhlichen „Heil Hitler!"

Aurora wiederholte die Phrase leise und fügte dann hinzu: „Guten Morgen, Herr Doktor. Heute bin ich Ihnen als Schwester für Ihren Eingriff um vierzehn Uhr zugeteilt und wollte gerne wissen, ob ich von meiner Seite diesbezüglich noch irgendetwas vorbereiten kann."

„Oh ja, natürlich. Die Abtreibung heute Nachmittag. Nun ja, da es Ihr erster operativer Eingriff sein wird, würde ich Sie zunächst einmal bitten, sich erneut in die Literatur einzulesen. Und wenn Sie dann bitte so gegen zwölf Uhr die OP-Vorbereitung mit unterstützen könnten, wäre ich sehr dankbar. Einer der Assistenzärzte wird die Patientin noch ein letztes Mal untersuchen, wobei Sie natürlich anwesend sein und unterstützend zu Seite stehen werden."

„Natürlich!", sagte Aurora und nickte. „Benötigen Sie sonst noch etwas?"

„Nein, das wäre alles. Heil Hitler!"

„Heil Hitler!", antwortete sie, verließ das Büro und ging in die krankenhauseigene Bibliothek, um sich die Details des Eingriffs wieder in Erinnerung zu rufen.

Um Punkt zwölf Uhr stand sie vor dem Zimmer ihrer Gynäkologiepatientin und wartete auf den Assistenzarzt. Es war Dr. Zeller, ein sehr gut aussehender Mann, um die 27 oder 28 Jahre jung, der seine Assistenzzeit fast beendet hatte. Bei den Schwestern war er aufgrund seiner guten Manieren und seines attraktiven Aussehens sehr beliebt. Auch jetzt, als er gerade um die Ecke des

Flures bog und auf Aurora zukam, musste sie sich eingestehen, dass auch sie ihn sehr anziehend fand. Das würde sie zwar niemals Sebastian erzählen, weil der sofort rasend eifersüchtig geworden wäre, aber Dr. Zeller war bei der Arbeit wenigstens schön anzusehen. Er strahlte sie an, als er sie sah, und versuchte mit seinem Charme ein Lächeln auf ihr Gesicht zu zaubern.

„Ah, Schwester Aurora! Wie schön, dass wir heute zusammenarbeiten. Diese Nachricht hat meinen ganzen Tag schlagartig verbessert!"

Seine weißen, ebenmäßigen Zähne blendeten sie beinahe. Aurora konnte nicht anders, sie musste zurücklächeln.

„Wo ich Sie gerade hier habe", sagte Dr. Zeller mit gesenkter Stimme und beugte sich zu ihr. „Bei unserer Patientin handelt es sich um eine Psychiatriepatientin. Daher werden wir ihr nicht sagen, was gemacht wird, um sie nicht weiter zu verwirren. Verstanden?"

Aurora nickte knapp. Dr. Zeller machte einen Diener, deutete mit einer ausladenden Geste zur Tür des Krankenzimmers und sagte: „Nach Ihnen, meine Teuerste."

Sie betrat das Krankenzimmer. Zwar hatte sie zuvor die Krankenakte ihrer Patientin gelesen, aber sie war doch schockiert, als sie sah, dass diese ans Bett gefesselt war. Die Patientin litt an Schizophrenie und hatte schon mehrfach versucht, sich umzubringen. Nun aber war sie schwanger und alle Ärzte waren sich darüber einig, dass sie nicht in der Lage sein würde, das Kind großzuziehen. Deshalb hatte man sie von der Psychiatrie vorübergehend in die Gynäkologie verlegt.

Dr. Zeller ging direkt auf die Patientin zu und begann mit seinen Untersuchungen. Anders als bei einem mental gesunden Patienten sprach er mit ihr jedoch kein Wort. Das Einzige, was er sagte, waren Anweisungen an Aurora. Als er mit seiner Untersuchung fertig war, bat er sie, noch ein letztes Mal Blut abzunehmen, und verließ den Raum. Die Patientin hatte ebenfalls die ganze Zeit über kein Wort gesagt, nur dagelegen und stumm die Decke angestarrt.

Aurora ging zu ihr und legte ihr sanft die Hand auf dem Arm. „Hören Sie, ich werde Ihnen jetzt Blut abnehmen. Das wird kurz piksen, aber es wird nicht lange wehtun."

Die Frau drehte ihren Kopf zu Aurora. „Glauben Sie, ich bin blöd?", fragte sie mit überraschend fester und lauter Stimme. Aurora zog vor Überraschung ihre Hand vom Arm, sagte aber nichts. Die Patientin blickte ihr fest in die Augen und sah in diesem Moment tatsächlich ein wenig verrückt aus. Allerdings nicht so, als wäre sie geistig verwirrt, sondern eher so, als wäre sie wahnsinnig vor Wut.

„Ich bin seit Jahren in psychiatrischer Behandlung, ich weiß was Blutabnehmen bedeutet und dass es nur kurz pikst."

„Gut, dann...", stammelte Aurora und begann

an ihren Instrumenten zu nesteln. Sie traute sich nicht, ihrer Patientin in die Augen zu sehen. Diese wiederum wandte den Blick nicht eine Sekunde von ihr ab, sondern beobachtete sie genau. „Was haben sie Ihnen erzählt?", fragte sie. „Dass ich verrückt bin und ständig irgendwelche Stimmen höre, die mir Befehle geben?"

Aurora sagte nichts. Sie bereitete gerade die Einstichstelle vor. „Wissen Sie, ich höre wirklich Stimmen in meinem Kopf." Sie grinste Aurora an. „Macht Ihnen das Angst?"

Aurora konnte nichts sagen. Sie hatte tatsächlich Angst vor dieser Patientin, obwohl die an das Krankenbett gefesselt war.

„Ich höre auch jetzt gerade eine Stimme. Sie sagt mir, dass ich Ihnen nichts tun soll, da Sie mir vielleicht helfen werden." Ihre Stimme hatte sich zu einem unwirklichen Singsang gewandelt. „Werden Sie mir helfen?"

Aurora hatte die erste Ampulle mit Blut gefüllt und tauschte sie gegen die zweite. „Ich weiß nicht", sagte sie leise und mied den Blickkontakt zu ihrer Patientin. „Was brauchen Sie denn?", fragte sie dann weiter.

Im Gegensatz zu Aurora starrte die Patientin sie die ganze Zeit über an und versuchte angestrengt, Blickkontakt mit ihr herzustellen. „Alle sagen, ich bin verrückt", wiederholte sie, „und wahrscheinlich haben sie recht. Die Stimmen in meinem Kopf geben mir Befehle und ich muss sie befolgen. Aber ich weiß, dass ich ein Kind erwarte. Und die Stimmen sagen mir, dass Sie das Kind wegmachen werden. Ich möchte dieses Kind. Ich will, dass es dableibt. Der Arzt soll es nicht wegmachen! Das wird es töten!"

Aurora war fertig und wollte gerade von der Seite der Patientin weichen, als diese sie trotz Fesselung an der Hand packte. Aurora blickte ihr das erste Mal in die Augen. Sie waren von einem atemberaubenden Grün. Und sie sah die Verzweiflung, die diese Frau trieb.

„Bitte!", flüsterte die Patientin. „Bitte, machen Sie das Kind nicht weg."

„Aber gute Frau, es ist doch nur zu ihrem Besten", sagte Aurora. „In ihrem Zustand ist es schwer, ein Kind großzuziehen." Sie spürte, wie der Griff der Patientin fester wurde, und wollte instinktiv ihre Hand wegreißen.

„Bitte helfen Sie mir!", flehte die Frau. Tränen rannen ihr die Wangen herunter.

„Hören Sie, es ist nur zu Ihrem Besten! Und ich kann eine solche Entscheidung sowieso nicht treffen. Ich bin schließlich keine Ärztin."

Entschlossen wand Aurora ihre Hand aus dem festen Griff und packte all ihre Utensilien zusammen. Die Tränen flossen der Frau nun in Strömen über die Wangen, und sie begann leise zu schluchzen. Aurora sah sie wieder an. Obwohl die Patientin so sehr weinte, sah sie in diesem Moment alles andere als verrückt aus. Sie wirkte wie eine Frau, die furchtbare Angst vor dem hatte, was kommen würde. Aurora wollte etwas sagen, aber sie fand keine Worte. Deshalb nahm nur ihre Sachen und wollte aus dem Zimmer gehen. Als sie schon fast an der Tür war, hörte sie von hinten wieder die Stimme der Frau. „Wissen Sie was? Für mich klingt es nicht so, als wollten mir die Leute helfen. Für mich klingt es, als wollten die nur das Kind töten."

Aurora schauderte. Und obwohl sie wusste, dass es falsch war, verließ sie den Raum, ohne sich noch einmal umzudrehen.

Sie brachte die Proben ins Labor. Wenig später stand sie mit Dr. Zeller und Dr. Hassler im Operationssaal. Sie führten die Abtreibung und Sterilisierung ohne größere Komplikationen durch. Aber Aurora wusste, dass dies mehr gewesen war als eine einfache Abtreibung. Es war Mord. Kaltblütiger, geplanter Mord. Und keiner von ihnen würde deshalb jemals bestraft werden.

Es war das erste Mal in ihrem Leben, dass sie ihren Beruf wirklich hasste.

Marita wagte kaum zu atmen, so wütend war sie. Ihre Schwester Erika stand vorne an der Tafel und erklärte ihnen gerade wieder, wie großartig es sein würde, Mutter und Ehefrau zu werden. Sie konnte gar nicht in Worte fassen, wie sehr sie Erika für ihr Verhalten verabscheute. Inzwischen war sie in die sechste Klasse des Lyzeums aufgerückt. Allerdings handelte es sich in ihrem Fall nicht um ihr letztes Schuljahr. Kurz zuvor war am Stift das Gymnasium eingeführt worden, und sie hatte sich entschieden, bis zur achten Klasse weiterhin die Schule zu besuchen und somit das Abitur zu erwerben.

Seit knapp einem Jahr kam Erika nun regelmäßig an die Schule und hielt absurde, unwissenschaftliche Vorträge über die Freuden des Mutterdaseins. Dabei war sie selbst so weit von einer Mutterschaft entfernt wie Marita. Erika hatte noch keinen Mann von sich überzeugen können, und es sah auch nicht so aus, als würde sich das in naher Zukunft ändern. Ihre Parolen erschienen Marita daher wie heiße Luft, aber obwohl sie viele wichtige Aufgaben zu erledigen hatte, musste sie ihrer blöden Schwester bei der Ausführung dieser pseudowissenschaftlichen oder schlichtweg falschen Theorien zuhören. Aber sie schwieg dazu, sonst würde sie nur wieder Ärger bekommen. Seit ihrem Fehlverhalten beim Appell hatte ihre Familie ein strenges Auge auf sie. Sie alle schienen nicht sehen zu wollen, was sich direkt vor ihren Augen abspielte. Seit Marita diesen schrecklichen Ärger bekommen hatte, war sie fest entschlossen, dem Nationalsozialismus den Rücken zu kehren. Sicherlich würde sie Gleichgesinnte finden, es war nur eine Frage der Zeit. Aber ihrer Schwester war nicht mehr zu helfen. Sie redete mit solcher Begeisterung über den Nationalsozialismus, dass sie wahrscheinlich sogar ihre eigene Schwester an die Gestapo verraten würde, wenn deren wahre politische Überzeugung ans Licht kam. Womöglich würde Erika sogar eigenhändig Maritas Hinrichtung besorgen, wenn es so weit käme.

Das Verhältnis zwischen ihnen war mehr als nur schlecht. Es basierte auf Hass, und jeder konnte das sehen. Während Erikas Vorträgen versuchte Marita deshalb, nur still da zu sitzen, im Gegenzug ignorierte Erika sie einfach. So machten sie sich wenigstens keine Szene vor dem Rest der Schule. Aber Marita wusste jetzt schon, was Erika erst viel später herausfinden würde: Sie standen in gegnerischen Lagern. Früher oder später würde die Bombe explodieren.

Auch Theresa hörte Erikas Vortrag zu. Sie konnte zwar nichts damit anfangen, denn sie besuchte die erste Klasse des Lyzeums und war gerade zehn Jahre alt, also noch weit davon entfernt, Mutter zu werden, aber die Schülerinnen mussten alle dorthin. Und Theresa gefiel es sehr gut an der Schule. Sie hatte schnell viele nette Freundinnen gefunden, und weil die auch alle zum Vortrag mussten, fiel es ihr nicht besonders schwer, ebenfalls hinzugehen. Außerdem machte es Spaß, Fräulein Erika Reindl zu ärgern und ihr hin und wieder einen gelungenen Streich zu spielen. Fräulein Reindl geriet schnell in Rage, schien aber nicht besonders gewitzt zu sein und kam nie darauf, wer hinter den Streichen steckte. So waren ihre Vorträge immer eine gute Gelegenheit zu einem Späßchen. Allerdings war Fräulein Reindl heute besonders aufmerksam, und darum wagten sie es nicht, ihre schon in der Pause geschmiedeten Pläne in die Tat umzusetzen. Dann eben das nächste Mal.

6

Gesetz über die Wiedervereinigung Österreichs mit dem Deutschen Reich

Artikel I

Das von der Österreichischen Bundesregierung beschlossene Bundesverfassungsgesetz über die Wiedervereinigung Österreichs mit dem Deutschen Reich vom 13. März 1938 wird hiermit Deutsches Reichsgesetz; es hat folgenden Wortlaut:

„Aufgrund des Artikels III Abs. 2 des Bundesverfassungsgesetzes über außerordentliche Maßnahmen im Bereich der Verfassung hat die Bundesregierung beschlossen:

Artikel I: Österreich ist ein Land des Deutschen Reiches.

Artikel II: Sonntag, den 10. April 1938, findet eine freie und geheime Volksabstimmung der über 20 Jahre alten deutschen Männer und Frauen Österreichs über die Wiedervereinigung mit dem Deutschen Reich statt.

Artikel III: Bei der Volksabstimmung entscheidet

die Mehrheit der abgegebenen Stimmen.
(...)

Aus: Sartorius, Verfassungs- und Verwaltungsrecht, Sammlung von Reichsgesetzen, -verordnungen und -erlassen, 15. Auflage, 1. April 1944, C. H. Beck

Obwohl ich schon viel über meine Schule erfahren hatte, war es mir immer noch ein dringendes Bedürfnis, mehr herauszufinden. Es ist im Schulalltag leider Tatsache, dass man zwar die deutsche Geschichte ausführlich bespricht, aber die eigene Geschichte häufig außen vor gelassen wird. Mir ist es immer leichter gefallen, mich mit Dingen zu identifizieren, die mir nahe standen. So merke ich mir viele Dinge einfach anhand kleiner, prägnanter Anekdoten. Im Geschichtsunterricht haben wir natürlich ausführlich die Gleichschaltung der Länder und die Neuordnung aller staatlichen Einrichtungen in der Zeit von 1933 bis 1945 besprochen. Aber erst als ich am Beispiel meiner Schule herausgefunden hatte, was Gleichschaltung eigentlich bedeutet, war mir klar, was es damit auf sich hatte.

Also suchte ich weiter im Archiv nach Informationen. Eines Tages entdeckte ich eine Liste von Schülerinnen aus dem Jahr 1932. In Handschrift hatte jemand fein säuberlich gut 200 Namen notiert, die wiederum in die verschiedenen Klassen unterteilt waren. Sofort kam mir der Gedanke, dass alle hier niedergeschriebenen Schülerinnen ja Zeitzeuginnen gewesen sein mussten, die mir möglicherweise etwas über ihre Zeit am Max-Josef-Stift erzählen konnten und über die Art und Weise, wie sie den Nationalsozialismus erlebt hatten.

1932 ist natürlich ein sehr alter Jahrgang. Die damaligen Schülerinnen waren entweder schon Greisinnen oder bereits verstorben. Aber ich wollte eine solche Gelegenheit nicht verstreichen lassen. Also begann ich allerlei Namen der damaligen ersten Klasse durch die Google-Suchmaschine zu jagen. Die Ergebnisse waren dürftig. Es ist eben doch eine andere Zeit gewesen. Viele der Namen brachten gar keine interessanten oder weiterführenden Treffer. Die meisten Schülerinnen, die 1932 auf der Schule waren, hatten geheiratet und ihren Familiennamen geändert, somit brachte mich der Mädchenname auch nicht weiter. Andere wiederum waren ins Ausland verzogen oder lebten nicht mehr. Und wieder andere hatten solche Allerweltsnamen, dass Google gleich 3000 Ergebnisse im Großraum München ausspuckte. Das war also auch keine brauchbare Information.

Die Antwort musste im Archiv liegen. Und dort lag sie tatsächlich. Ich war nur nicht eher darauf gekommen.

Von jeher gibt es den Max-Josef-Stift e.V., in dem sich die Ehemaligen vereinigen. Jede Schülerin, die von der Schule abgeht, hat die Möglichkeit, diesem Verein beizutreten und damit nach ihrem Abschluss weiterhin Informationen über die Schule zu erhalten oder diese gegebenenfalls bei ihren Projekten zu unterstützen. Ich selbst bin übrigens auch nach meinem Abitur Mitglied geworden. Es ist ganz schön, hin und wieder zu erfahren, was aus wem geworden ist.

Der Verein verschickt jedes Jahr einen Stiftsbrief, der allerlei Informationen enthält, unter anderem auch runde Geburtstage oder aber Todesfälle. In einem dieser schon älteren Stiftsbriefe war von einer Frau Henle die Rede, die das Max-Josef-Stift 1938 mit der Mittleren Reife verlassen hatte. Und so viel Mathematik beherrschte ich gerade noch, um zurückrechnen zu können, dass sie eine der Schülerinnen von 1932 sein musste.

Sofort googelte ich Frau Henle. Und ich fand sie, in den Gelben Seiten von München. Sie war nicht verzogen. Wie ich ihrer Telefonnummer entnehmen konnte, lebte sie immer noch in München. Ich schrieb ihre Nummer auf und verließ das Archiv. Wieder eine Information mehr.

1938
Marita ärgerte sich. Über Jahre hinweg hatte sie zu ihrer Schule spazieren können, und jetzt war es für sie richtig aufwendig, dorthin zu kommen. Sie musste immer ihr Radl nehmen und am Friedensengel auch noch richtig steil bergauf strampeln. Das passte ihr überhaupt nicht. Und dafür, dass man das Schulhaus nun fürs Stift so großar-

tig neu gebaut hatte, war es auch nicht so schön, dass es Marita vom Hocker gerissen hätte. Es war groß und klobig. Ein gerade neu gepflanzter Rosengarten säumte den Weg zu einer riesigen, schweren, mit Hakenkreuzen verzierten dunkelbraunen Tür, die auf beiden Seiten von Statuen flankiert wurde. Ein Reichsadler und ein Schild mit der Aufschrift „Das Ziel der weiblichen Erziehung hat unverrückbar die kommende Mutterschaft zu sein" thronten auf massiven Marmorsockeln.

Sie hatte das gar nicht gut gefunden. Es unterstrich die sinnlosen Vorträge von Erika. Sie fand es furchtbar, dass man jetzt schon die ganz jungen Mädchen darauf reduzierte, einmal Mutter zu werden. In ihren Augen stand das Schild für alles, was im Moment mit dem deutschen Staat in die falsche Richtung lief. Auch sonst war das Haus nicht halb so schön wie ihr ehemaliges Schulgebäude. Wenn man in die Eingangshalle kam, sah man sich zwei riesigen marmornen Säulen gegenüber, die jeweils mit Hakenkreuzen geschmückt waren. An der einzigen freien Wand der Halle prangte ein großes Wandgemälde, das fleißige deutsche Frauen beim Arbeiten und bei der Kindererziehung zeigte. Das war ihr zu viel des Guten. Oder des Schlechten, je nach Sichtweise.

Erschwerend kam hinzu, dass in jedem Klassenzimmer ein Bild des Führers und eine Fahne aufgehängt worden waren, entweder das Banner des BDM oder des Reiches, manchmal auch beides. Wo man auch ging, überall drehte es sich nur ums Reich. Sie fühlte sich hier nicht wohl. Im Gegenteil. Je länger sie diesen übertriebenen Schmuck ansah, desto abstoßender fand sie ihn. Aber wenigstens gab es einen Lichtblick. Sie würde nicht mehr lange in diesem Gebäude bleiben. Nächstes Jahr schon würde sie Abitur machen, und dann könnte sie das alles endlich hinter sich lassen.

Theresa dagegen gefiel der neue Bau recht gut. Für sie hatte sich der Schulweg zu ihren Gunsten verändert, denn jetzt konnte sie jeden Tag eine halbe Stunde länger schlafen. Ebenso gefiel ihr, dass alles so hell und offen und pompös aussah. Das Gebäude in der Ludwigstraße war doch schon ziemlich alt gewesen, und es hatte nach ihrem Geschmack auch viel zu hochherrschaftlich gewirkt. Die Monarchie war doch schon seit langem abgeschafft. Bei ihnen ging es doch vorrangig ums Volk. Sie fand auch das Wandgemälde in der Eingangshalle sehr schön; es zeigte ihnen allen, wie ihr zukünftiges Leben einmal aussehen konnte, wenn sie lange und hart genug arbeiteten. Theresa war zufrieden, und ihre Freundinnen waren es ebenfalls. Auch der Garten war sehr schön geworden. Sie konnten dort auch wieder hervorragend Verstecken spielen oder an schönen Tagen auf dem Rasen einfach die Sonne genießen. Sie mochte das alles sehr.

Marita stand auf ihrem Pausenhof. Es war wieder einmal acht Uhr morgens, und unter inbrünstigem Gesang wurde die Flagge gehisst.

Die Fahne hoch! Die Reihen fest geschlossen!
SA marschiert mit ruhig festem Schritt.
Kam'raden, die Rotfront und Reaktion erschossen,
marschier'n im Geist in unsern Reihen mit.

Da standen sie also alle mit erhobenen Armen und sangen. Nachdem die Fahne gehisst war, ließen sie die Arme sinken und Dr. Herting trat vor die versammelten Schülerinnen.

„Es ist mir eine große Freude und Ehre, ankündigen zu dürfen, dass Österreich endlich heim ins Reich gekehrt ist!", rief er euphorisch.

Die Menge begann zu applaudieren. Dr. Herting hob seine Hand, um Ruhe zu gebieten. „Ich bitte die Schülerinnen österreichischer Herkunft nach vorne! Anderl Helene, Baumgartner Elisabeth, Eiberl Rosa, Hubert Paula, Mader Heike, Prosel Resi, Rost Renate, Stabler Maria und Sommer Katharina!"

Die neun aufgerufenen Schülerinnen traten vor. Sie alle wurden vom Direktor per Handschlag dazu beglückwünscht, nun auch offiziell Deutsche zu sein. Marita wusste nicht, was sie davon halten sollte. Aber für sie war es kein gutes Omen.

Theresa sah ebenfalls zu, wie ihre Mitschülerinnen vom Direktor beglückwünscht wurden. Sie wusste mit der Situation gar nichts anzufangen. Ihren Klassenkameradinnen schien es ähnlich zu gehen. Sie hörte, wie eine von ihnen wisperte „Ist das gut?" und wie eine andere flüsterte: „Ich dachte sowieso immer, dass Österreich zu Deutschland gehört. So wie Bayern eben."

Unter den strengen Blicken ihrer BDM Leiterin mussten sie ihre Gespräche jedoch schnell einstellen. Keine von ihnen wollte es riskieren, wegen so einer Lappalie bestraft zu werden. Allerdings konnte auch keine von ihnen mit der Information, Österreich sei heimgekehrt, viel anfangen. Es würde sich für sie schon etwas Gutes daraus ergeben.

„Österreich gehört jetzt zu Deutschland?"

Lindas Vater studierte wie jeden Morgen am Frühstückstisch die Zeitung und sie hatte ihm über die Schulter geschaut.

„Ja", sagte ihr Vater trocken.

„Hat das denn einen besonderen Einfluss auf unser Leben?", fragte sie ihn.

Er sah ihr traurig in die Augen und erwiderte seufzend: „Es wird definitiv nicht leichter. Schon gar nicht für uns Juden. Es ist davon auszugehen, dass Österreich die deutsche Rechtsprechung wenigstens im Groben übernimmt. Das heißt, auch den österreichischen Juden droht nun unser Schicksal. Wobei ich der letzten Korrespondenz mit meinen Freunden in Deutschland entnehmen konnte, dass viele von ihnen schon längst geflohen sind. Es scheint für sie keine Überraschung gewesen zu sein, dass Österreich sich Deutschland anschließt."

Er legte die Zeitung beiseite. „Im Moment weiß ich nicht, was mit uns passiert und ob sich das auf unsere jetzige Situation noch weiter auswirkt. Wir müssen einfach abwarten."

Linda sah ihren Vater genau an. Sie spürte, dass er sich große Sorgen machte.

Auch Annelieses Familie war längst über die Neuigkeiten im Bilde. Annelieses und Lindas Vater hatten seither ständig miteinander telefoniert und sich beraten, ob es irgendein Anzeichen für eine bevorstehende Gefährdung gab. Aber eine Frage bedrückte sie alle. Was hatte Hitler vor? Und wie würden sie ihm dabei entkommen?

Esther hatte schon ewig nichts mehr von Lindas Familie gehört, aber an diesem Tag stand das Telefon nicht still. Alle ihre Freunde aus Deutschland hatten angerufen. Sie hatten versucht, sich gegenseitig zu beruhigen, aber auch zu scharfer Wachsamkeit aufgefordert. Sie alle wussten, dass etwas kommen musste. Die Frage war nur, was …

Ein Glücksgefühl durchzog ihre Brust. Erika war stolz auf ihr Land. Österreich gehörte nun endlich wieder zu ihnen. So, wie es sein sollte. Die ganze Familie hatte das gefeiert. Zwar hatten alle gemerkt, dass Marita sich dabei zurückhielt, aber alle wussten auch, dass sie von Politik überhaupt nichts verstand. Sie hatte vermutlich keine Ahnung davon, welch ein Kraftakt es gewesen war, Österreich heim ins Reich zu holen. Sie würde auch nie verstehen, wie vorteilhaft das für sie alle war. Erika dagegen war stolz auf ihr Land, auf ihr Reich, auf ihren Führer.

Krieg lag in der Luft. Sie wussten es alle. Es war nicht mehr zu abzuleugnen. Alle Zeichen deuteten darauf. Auch Aurora und Sebastian wussten es. Zwar hatte Sebastian sein Jahr im Wehrdienst erfolgreich absolviert, aber sie wussten beide, dass er einer den Ersten wäre, die sie einberufen würden, falls es tatsächlich zum Äußersten kam. Er war mutig, stark und furchtlos und würde niemals den Dienst am Vaterland verweigern. Also hatten sie entschieden, dass sie es nicht mehr aufschieben konnten. Sie hatten geheiratet. Nur standesamtlich. Für alles andere war ihnen keine Zeit mehr geblieben. Sowohl Aurora als auch Sebastian hatten einige Tests über sich ergehen lassen müssen, ob sie auch tatsächlich für die Ehe taugten, und kaum dass sie die Heiratserlaubnis in Händen gehalten hatten, waren sie auch schon zum Standesamt gegangen. Zur Trauung waren nur Sebastians Mutter und Auroras Eltern gekommen, nicht einmal Sebastians jüngere Geschwister hatten so kurzfristig die Schule absagen können. Es war definitiv nicht die Hochzeit, die Aurora sich vorgestellt hatte. Aber am Ende ging es doch nur darum, dass sie nun endlich verheiratet waren und somit rechtmäßig zusammen sein konnten. Nun hieß endlich mit Nachnamen offiziell Weiler.

Österreich war gerade heim ins Reich gekehrt, und die deutschen Truppen wurden zunehmend mobilisiert. Alle jungen Männer waren bereits zum erweiterten Wehrdienst einberufen worden. Es lag auf der Hand, dass es nur noch eine Frage von wenigen Wochen war, bis Sebastian ebenfalls eingezogen würde. Aurora hoffte inständig, dass es nicht zum Ernstfall käme. Denn Sebastian war leider der Typ, der dann in der ersten Reihe stehen würde, um seine Liebsten zu schützen. Das konnte sein Untergang sein.

7

Erlass des Führers und Reichskanzlers
über die Verwaltung der besetzten polnischen
Gebiete

Um die öffentliche Ordnung und das öffentliche Leben in den besetzten polnischen Gebieten wiederherzustellen und aufrechtzuerhalten, ordne ich an:

§ 1. Die von den deutschen Truppen besetzten Gebiete werden dem Generalgouverneur unterstellt, soweit sie nicht in das Deutsche Reich eingegliedert sind.

§ 2. (1) Zum Generalgouverneur bestelle ich den Reichsminister Dr. Frank.

(...)

Erlass des Führers und Reichskanzlers über das
Protektorat Böhmen und Mähren

Ein Jahrtausend lang gehörten zum Lebensraum des deutschen Volkes die böhmisch-mährischen Länder. Gewalt und Unverstand haben sie aus ihrer alten, historischen Umgebung willkürlich gerissen und schließlich durch ihre Einfügung in das künstliche Gebilde der Tschecho-Slowakei den Herd einer ständigen Unruhe geschaffen. Von Jahr zu Jahr vergrößerte sich die Gefahr, daß aus diesem Raum heraus – wie schon einmal in der Vergangenheit – eine neue ungeheuerliche Bedrohung des europäischen Friedens kommen würde. Denn dem tschecho-slowakischen Staat und seinen Machthabern war es nicht gelungen, das Zusammenleben, der in ihm willkürlich vereinten Völkergruppen vernünftig zu organisieren und damit das Interesse aller Beteiligten an der Aufrechterhaltung ihres gemeinsamen Staates zu erwecken und zu erhalten. Er hat dadurch aber seine innere Lebensunfähigkeit erwiesen und ist deshalb nunmehr auch der tatsächlichen Auflösung verfallen.

Das Deutsche Reich kann in diesen für seine eigene Ruhe und Sicherheit sowie für das allgemeine Wohlergehen und den allgemeinen Frieden so entscheidend wichtigen Gebieten keine andauernde Störung dulden. Früher oder später müßte es als die durch die Geschichte und geographische Lage am stärksten interessierte und in Mitleidenschaft gezogene Macht die schwersten Folgen zu tragen haben. Es entspricht daher dem Gebot der Selbsterhaltung, wenn das Deutsche Reich entschlossen ist, zur Wiederherstellung der Grundlagen einer vernünftigen mitteleuropäischen Ordnung entscheidend einzugreifen und die sich daraus ergebenden Anordnungen zu treffen. Denn es hat in seiner tausendjährigen geschichtlichen Vergangenheit bereits erwiesen, daß es dank sowohl der Größe, als auch der Eigenschaften des deutschen Volkes allein berufen ist, diese Aufgabe zu lösen.

Erfüllt von dem ernsten Wunsch, den wahren Interessen der in diesem Lebensraum wohnenden Völker zu dienen, das nationale Eigenleben des deutschen und des tschechischen Volkes sicherzustellen, dem Frieden und der sozialen Wohlfahrt aller zu nützen, ordne ich daher namens des Deutschen Reiches als Grundlage für das künftige Zusammenleben der Bewohner dieser Gebiete das folgende an:

Art.1. (1) Die von den deutschen Truppen im März 1939 besetzten Landesteile der ehemaligen Tschecho-Slowakischen Republik gehören von jetzt ab zum Gebiet des Großdeutschen Reiches und treten als „Protektorat Böhmen und Mähren" unter dessen Schutz.
(...)

Art. 2. (1) Die volksdeutschen Bewohner des Protektorats werden deutsche Staatsangehörige und nach den Vorschriften des Reichsbürgergesetzes vom 15. September 1935 Reichsbürger. Für sie gelten daher auch die Bestimmungen zum Schutze des deutschen Blutes und der deutschen Ehre. Sie unterstehen deutscher Gerichtsbarkeit.

(2) Die übrigen Bewohner von Böhmen und Mähren werden Staatsangehörige des Protektorats Böhmen und Mähren.

Aus: Sartorius, Verfassungs- und Verwaltungsrecht, Sammlung von Reichsgesetzen, -verordnungen und -erlassen, 15. Auflage, 1. April 1944, C. H. Beck

Donnerstag. Der vorletzte Tag vor den Osterferien. Wie üblich war ich um viertel nach sechs aufgestanden, hatte geduscht, mich angezogen und eine Kleinigkeit gegessen, um dann vollkommen abgehetzt zur Bahn zu rennen.

Ich war in der Schule und las gerade meine Aufzeichnungen von der letzten Stunde durch, als meine Kollegstufenleiterin auf mich zukam. „Penelope, wenn Sie kurz mit mir hoch ins Büro kommen würden, da ist ein Brief für Sie. Der wurde mir gestern ins Fach gelegt, ist aber an Sie adressiert."

Vollkommen verwirrt stand ich auf und folgte ihr. Erstens: Wer schickte mir überhaupt einen Brief? Wir leben ja schließlich im 21. Jahrhundert. Niemand schickt heutzutage noch Briefe, und wenn, dann kamen bei mir nur Rechnungen oder Strafzettel an. Und zweitens: Wenn schon jemand einen Brief an mich schrieb, warum schickte er ihn an meine Schule, um ihn an mich weiterleiten zu lassen? Alle Leute, die mit mir in Kontakt standen, hatten entweder meine Mailadresse oder wussten, wo ich wohnte.

Als wir im Büro waren, wurde mir ein kleiner

weißer Umschlag übergeben. Darauf war in krakeliger Schrift mit blauem Kugelschreiber geschrieben: „An das Sekretariat des Max-Josef-Stiftes, Mühlbauerstraße 15, 81677 München. Ich bitte diesen Brief weiterzuleiten an die Gymnasiastin Penelope Poetis. Danke!"

Trotzdem der Brief mit Kugelschreiber geschrieben war, waren auf dem ganzen Kuvert Tintenkleckse verteilt. Entgeistert drehte ich es in meiner Hand um. „Absender Resi Prosel". Natürlich, Resi! Dass ich darauf nicht gleich gekommen war! Ich hatte ihr ja nur meine Mailadresse gegeben, aber vergessen, dass sie mindestens achtzig Jahre alt war und sich mit der modernen Technik wahrscheinlich nicht so gut auskannte. Ich weiß ja, wie sich meine Großmutter mit ihrem Computer anstellt. Der einzige Anhaltspunkt, den Frau Prosel hatte, um mich zu kontaktieren, war die Schule. Ich dankte meiner Kollegstufenleiterin, dass sie mir den Brief gegeben hatte, ging zurück in den zweiten Stock, öffnete den Brief und las:

Liebe junge Stiftsschwester mit dem schönen Namen Penelope!

Sie werden sich gewundert haben, dass ich Ihnen nicht geantwortet habe, aber ich war bis vor kurzem im Krankenhaus – und in meinem Computer stauten sich die E-Mails – ich selbst kann sowieso an keinem Computer arbeiten, ich habe es nie gelernt, und so gehöre ich heute den

Analphabeten an ...
Jetzt ist die Zeit für Ihren Bericht ja längst verstrichen. Sollten Sie dennoch über diese Zeit etwas wissen wollen, müssten wir es per Telefon machen, oder Sie besuchen mich einmal über ein Wochenende. Übernachtungsmöglichkeit ist da.

Ich entschuldige mich noch mal bei Ihnen, dass es nicht geklappt hat, aber ich bin wirklich nicht sehr gesund.

Mit den besten Grüßen
Ihre Resi Prosel

Ich drehte den Brief um. Auf die Rückseite hatte Resi ihre Adresse und Telefonnummer geschrieben. Die Postleitzahl verriet mir, dass sie ein gutes Stück von München entfernt lebte. Ich war schon sehr aufgeregt und machte mir Gedanken darüber, wie ich mich wohl am besten mit ihr unterhalten konnte. Das Telefon war keine besonders gute Idee, da man dann nicht in Ruhe miteinander sprechen konnte, ohne ständig abgelenkt zu werden. Also würde ich wohl zu ihr fahren müssen. Das war mir aber auch nicht recht, denn ich scheute mich davor, bei wildfremden Menschen zu übernachten.

Die Schulglocke läutete. Ich verstaute den Brief in meiner Tasche und ging in den Unterricht.

1939

Als sie von den Pogromen in Deutschland gehört hatten, waren sie schockiert gewesen. Doch in Paris lebten sie, wenngleich in Sicherheit, noch immer so ungern wie zuvor.

Anneliese und Linda hatten sich zusammengetan. Sie hatten sich im letzten Jahr angefreundet und waren nun so etwas wie beste Freundinnen geworden. Beide waren in Paris todunglücklich, und so hatten sie gemeinsam überlegt, wie sie nach Deutschland zurückkehren würden. Anfangs waren das nur Hirngespinste, inzwischen aber hatte sich auch der eine oder andere handfeste Plan entwickelt. Als sie dann von der Zerstörung aller jüdischer Geschäfte in Deutschland erfahren hatten und von den Toten, die es gegeben hatte, legten sie ihre Pläne zunächst einmal auf Eis. Es war doch zu riskant, anscheinend hatten ihre Eltern Recht gehabt. Allerdings hatte Anneliese richtigerweise klargestellt, dass für sie nur Gefahr bestand, wenn jemand wusste, dass sie Jüdinnen waren. Sie würden also einfach ihre Geschichten besser ausfeilen und ihre Spuren aus der Vergangenheit verwischen müssen.

Und obwohl sie es eigentlich besser wussten, tüftelten sie wieder daran, wie sie es anstellen konnten, unbemerkt und sicher nach München zurückzukehren.

Im Moment hatte Aurora außerordentlich viel zu tun. Sie musste immer wieder in Doppelschicht arbeiten, und obwohl ihre Ausbildungszeit eigentlich beendet war, schickte man sie ein ums andere Mal zu Fortbildungsseminaren, bei denen es hauptsächlich um die Arbeit im Feld ging. Die Schwestern lernten, wie sie Schussverletzungen zu behandeln hatten und wie sie bei Amputationen assistierten. Außerdem wurden sie darauf vorbereitet, wie sie bei mangelnder Hygiene und Materialknappheit mit Patienten umgehen konnten.

Aurora war einfach ein Naturtalent in diesem Beruf, das bestätigten ihr alle. Sie lernte äußerst schnell und konnte bald schon selbst andere Schwestern in die neuen Methoden einweisen. Sie betreute auch die neuen Auszubildenden und versuchte, von ihrem Wissen so viel wie möglich an sie weiterzugeben. Sie lebte für ihren Beruf. Und obwohl sie glücklich verheiratet war, freute sie sich jeden Tag, das Haus verlassen zu können und zu tun, was ihr richtig Spaß machte. Aber heute hatte es ein Vorkommnis gegeben, nach dem ihr nicht besonders wohl gewesen war. Sie wurde ins Büro ihrer Oberschwester bestellt. Natürlich kam sie dieser Aufforderung unverzüglich nach. Als sie nach ihrem zaghaften Klopfen in das Büro gebeten wurde, war sie überrascht, dass dort nicht nur die Oberschwester saß, sondern auch zwei Männer.

Frau Martin bedeutete ihr mit einer Handbewegung, sich zu setzen. „Frau Weiler", begann sie und sah sie scharf an, „darf ich ihnen Dr. Aster, den Direktor des Krankenhauses, und Herrn Schubert, Kommandant der Schutzpolizei, vorstellen?"

Aurora rang sich ein Lächeln ab und nickte beiden Herren verbindlich zu. Was ging hier vor? Hatte sie etwas falsch gemacht? Oder war gar Sebastian in Schwierigkeiten? Ihr fiel nichts ein, was dazu geführt haben könnte, dass sie hier ins Kreuzverhör genommen werden sollte. Aber war es denn überhaupt ein Kreuzverhör? Ihr Magen wurde flau und sie spürte, wie das freigesetzte Adrenalin ihren Körper wachsam und vorsichtig werden ließ. Diese Leute sollten erst einmal genau erzählen, was sie von ihr wollten, bevor sie irgendetwas sagte. So zumindest stellte sie sich das vor.

Herr Schubert begann mit raspelnder Stimme zu sprechen. Für einen Mann hatte er eine ziemlich hohe Stimme, die immer wieder brach, und Aurora fand es unangenehm, ihm zuzuhören. Aber natürlich ließ sie sich nichts anmerken.

„Frau Weiler, es wird Sie freuen zu hören, dass Sie von allen Ärzten hier am Krankenhaus als eine der besten Pflegekräfte eingestuft wurden."

Bei diesen Worten zog sich Auroras ohnehin schon aufgeregter Magen vor Freude kurz zusammen. So, wie Herr Schubert sie ansah, konnte dies kein Verhör mit Straffolge sein. Oder war er nur ein sehr guter Schauspieler?

„In dem neuen Reich, das wir alle versuchen

zu erschaffen, brauchen wir Leute wie Sie", fuhr er fort. „Für uns ist es daher essenziell zu wissen, dass Sie zu einhundert Prozent hinter der Bewegung stehen und für ihren Führer in den Tod gehen würden."

Er blickte Aurora ernst an, und sie erwiderte seinen Blick. Was wollte er? Sie hatte eine politische Einstellung. Sie fand Hitler und die NSDAP in Ordnung. Sie würde nichts gegen sie unternehmen. Aber für den Führer sterben? Für Sebastian würde sie sterben, diese Frage konnte sie schnell für sich beantworten. Aber für den Führer? Den kannte sie ja gar nicht und sie glaubte auch nicht, dass der Führer umgekehrt je in Erwägung ziehen würde, für sie zu sterben. Also konnte sie diese Frage nur verneinen. Sie sah erst zu Frau Martin und dann zu Dr. Aster. Beide schienen stolz auf sie zu sein und warteten gebannt, was sie wohl sagen würde.

Wieder blickte Aurora Herrn Schubert direkt in die Augen. „Natürlich", sagte sie nur. Sie glaubte, damit die im Raum stehende Frage ausreichend beantwortet zu haben. Konkreter wollte sie sich nicht ausdrücken, um nicht später auf ihre hier gesprochenen Worte festgenagelt werden zu können.

Frau Martin sah sie an, als wäre sie eine Tochter, die endlich zu dem Menschen geworden war, den die Mutter sich immer gewünscht hatte. Auch Dr. Aster blickte sie väterlich an, und Herr Schubert wirkte eindeutig zufrieden. „Recht so, mein Kind!" sagte er und blickte in die vor ihm ausgebreiteten Unterlagen, die offensichtlich Auroras Werdegang im Krankenhaus enthielten. „Ihre Zeugnisse sind beeindruckend. Auch die Patienten scheinen Sie zu mögen, und außerdem haben Sie es bis heute vermieden, nichtarische Patienten zu behandeln. Das spricht für Sie, Frau Weiler."

Wieder traf sie sein durchbohrender Blick, und sie hatte das Gefühl, dass er versuchte, ihr damit direkt in die Seele zu schauen. Sie antwortete nicht und er fuhr fort: „Könnten Sie sich jemals vorstellen, nichtarische Patienten zu behandeln?"

Aurora wollte sagen, dass sie bei ihren Patienten eigentlich keinen Unterschied machte. Wer Hilfe von ihr brauchte, bekam sie auch. Aber ihr war klar, dass es auf diese Frage nur eine mögliche Antwort gab. „Natürlich nicht."

Herr Schubert nickte zufrieden. „Pflegen Sie in ihren Privatangelegenheiten Kontakt zu Nichtariern?", fragte er.

Sie stutzte. Was für eine dumme Frage. Alle Nichtarier, die sie kannte, hatten längst das Land verlassen, es gab für sie also gar keine Möglichkeit, diese überhaupt zu treffen. Und obwohl sie nie selbst Zeugin davon geworden war, so erzählte man sich, dass diejenigen, die Kontakt zu Nicht-Ariern hatten in Dachau weggesperrt worden waren. Sie würde doch also nicht so dumm sein und so etwas ausgerechnet jemandem von der Schutzpolizei erzählen. Zudem hatte sie nichts zu fürchten, sie kannte ja keine Nicht-Arier mehr. Um das Gespräch so reibungslos wie möglich verlaufen zu lassen, sagte sie einfach nur: „Nein."

Wieder nickte Herr Schubert und machte sich eine Notiz. „Würden Sie jemals Gesetze des Reiches missachten?"

Aurora dachte an die Patientin, die sie zwangssterilisiert und bei der sie ohne deren Einverständnis eine Abtreibung vorgenommen hatten. Sie erinnerte sich, wie die Frau geweint hatte und wie sehr sie darum gebettelt hatte, man möge ihr das Kind nicht nehmen. Noch einmal würde sie das nicht mitmachen. Sie würde sich gegen das Gesetz und für die Menschlichkeit entscheiden. Genau das wollte sie sagen, als sich wieder ihre Stimme im Kopf meldete: „Sei nicht dumm!" Also sagte sie auch jetzt wieder: „Nein."

Herr Schubert sah sie skeptisch an. „Sie könnten etwas enthusiastischer sein, meine Liebe! So klingt es nicht, als ob Sie es tatsächlich meinen würden."

Tu ich ja auch nicht, Sie Dummkopf, dachte Aurora. Aber sie setzte ein Lächeln auf und erwiderte: „Sie müssen entschuldigen, ich bin sehr aufgeregt und möchte alles richtig machen. Außerdem bin ich keine große Rhetorikerin. Ich kenne mich eben doch viel besser mit meinen Patienten aus als mit Worten."

Herr Schubert lächelte nachsichtig. „Das kann ich verstehen, meine Liebe. Reden ist ja nicht gerade ihr Steckenpferd."

Er machte eine kurze Pause. „Was ich so höre, klingt alles sehr gut. Sie scheinen sich mit dem Reich zu identifizieren und sind zudem auch noch eine tadellose Kraft. Wir brauchen mehr Bürger wie Sie, Frau Weiler."

„Vielen Dank."

„Das war's dann. Sie dürfen gehen", sagte Herr Schubert.

Aurora stand auf. „Heil Hitler", sagte sie leise.

„Heil Hitler!", bellte Herr Schubert, und Aurora verließ den Raum.

Sie hatte versucht, es zu umgehen, aber es nicht geschafft. Auch Marita musste zum Reichsarbeitsdienst. Das empfand sie als lästig. Sie hatte gerade das Abitur bestanden, sehr gut im Übrigen, und wollte nun eigentlich tun, wonach ihr der Sinn stand. Aber nun musste sie auch noch das erledigen und würde ein halbes Jahr ihres Lebens einfach so verlieren. Natürlich, es war Dienst am Vaterland. Aber auf ihr Vaterland war sie im Moment nicht besonders gut zu sprechen und nach der Kristallnacht im letzten November hatte sich ihre Einstellung noch weiter verfestigt. Alles Jüdische in ihrem schönen München hatten sie zerstört, die Geschäfte zerschlagen und die Synagoge niedergebrannt, an deren Stelle jetzt eine hässliche Lücke im Stadtbild klaffte. Marita war entsetzt darüber, dass so ein Gräuel in ihrem Land hatte stattfinden können. Es bestärkte sie mehr denn je in ihrem Entschluss, sich zur Wehr zu setzten; sie wusste nur noch nicht wie. Also tat sie im Moment noch so, als sei für sie alles in bester Ordnung. Keine Schülerin ihres Jahrgangs hatte für den Reichsarbeitsdienst etwas übrig, also fiel ihr mangelnder Enthusiasmus gar nicht groß auf. Erst kürzlich hatte sie wieder eines dieser Werbeplakate gesehen: „Deutsches Mädel, dein Beruf: Führerin im Reichsarbeitsdienst!" Das hatte sie fast so abstoßend gefunden wie das Schild vor dem Max-Josef-Stift.

Sie wusste nicht genau, was während der Zeit ihrer Dienstverpflichtung auf sie zukommen würde, allerdings hatte sie von vielen anderen gehört, die auf Bauernhöfen mitarbeiten mussten. Diese Aussicht fand sie furchtbar. Sie war Münchnerin! In ihrem ganzen Leben hatte sie gerade einmal eine Kuh gestreichelt, und damit endete ihr landwirtschaftliches Wissen. Sie verstand den Sinn hinter der ganzen Sache einfach nicht. Vorher hatten die Bauern doch auch ohne fremde Hilfe die Ernte eingefahren, und jetzt brauchten sie plötzlich die Unterstützung von einigen verzogenen Stadtmädchen mit Abitur, die sich in ihrem Leben nie auch nur ansatzweise fürs Land interessiert hatten? Es erschien ihr eher als Eigentor denn als Geniestreich. Aber auch das würde sie überstehen, und dann würde sie endlich ihr Studium beginnen. Politik sollte es sein.

Aurora hatte gerade Schicht im Krankenhaus, als

sie hörte, dass sich auf dem Flur ein gewaltiger Tumult entwickelte. Sie entschuldigte sich bei ihrem Patienten, um nachzusehen, was los war. Alle Schwestern gingen schnellen Schrittes, einige rannten beinahe ins Schwesternzimmer.

„Komm mit!", sagte eine ihrer Kolleginnen zu ihr. Aurora folgte der Schar, ohne zu wissen warum. Im Schwesternzimmer sah sie ihre diensthabende Oberschwester an dem Knopf des kleinen Radios herumdrehen, das wie immer mitten auf dem Tisch des Zimmers stand. Es klackte und rauschte, und dann hörte sie die Stimme des Führers, mal lauter und mal leiser in unregelmäßigen Abständen, bis die Oberschwester endlich die richtige Einstellung gefunden hatte. Jetzt war das Signal einigermaßen gut und die Rede verständlich.

„Worum geht es denn?", wandte sich Aurora an ihre Kolleginnen.

„Polen hat Deutschland angegriffen!" sagte eine, und eine andere ergänzte: „Ja genau, da bei Gleiwitz."

Der Führer schrie wie immer bei seinen Reden, und anfangs fiel es Aurora schwer, alles zu verstehen. Ein paar Sätze allerdings bekam sie deutlich mit: „Diese Vorgänge haben sich nun heute Nacht abermals wiederholt. Nachdem schon neulich in einer einzigen Nacht Grenzzwischenfälle waren, sind es heute Nacht 14 gewesen, darunter drei ganz schwere. ... Polen hat heute Nacht zum ersten Mal auf unserem eigenen

Territorium auch mit bereits regulären Soldaten geschossen. Seit 5 Uhr 45 wird jetzt zurückgeschossen. Und von jetzt ab wird Bombe mit Bombe vergolten."

Alles, was danach kam, hörte sie nicht mehr. Auch ihre Kolleginnen schienen längst begriffen zu haben. Es waberte durch den Raum und innerhalb kürzester Zeit durch jedes Zimmer im Krankenhaus und dann durch die ganze Stadt: Wir haben Krieg. Und obwohl Aurora so nicht sein wollte, obwohl sie nicht die Schwache sein wollte, hatte sie nur einen einzigen Gedanken: Hoffentlich holen sie Sebastian nicht.

Wir haben Krieg! Obwohl Erika eigentlich stolz sein wollte, hatte sie auch ein bisschen Angst. Ihre beiden älteren Brüder waren beide bereits vor einigen Wochen eingezogen worden. Und obwohl sie fest an den Sieg glaubte, machte sie sich Sorgen um die beiden. Im Krieg starben Menschen, das hatten ihr alle Veteranen des Ersten Weltkriegs immer wieder erzählt. Nun war es also auch bei ihnen so weit. Aber Erika würde ihr Volk unterstützen, wenngleich nicht an der Front, aber sie würde versuchen, das Reich von innen heraus zu stärken. Als sie die Stimme des Führers aus dem Radio hörte, war ihr ein Schauer über den Rücken gelaufen. Das deutsche Volk würde sich nehmen, was es verdiente. Und wenn das den Tod bedeutete.

Marita war fast ohnmächtig geworden, als sie gemeinsam mit dem Rest der Familie die Neuigkeiten im Radio gehört hatte. Krieg? Nun hatte Hitler ihnen also auch noch einen Krieg auf den Hals gehetzt? Das konnte doch unmöglich sein. Sie hatten doch schon längst all die Gebiete wieder, die ihnen als Deutsche zustanden. Und nun wollte er auch noch etwas von Polen? Den Quatsch mit dem Überfall glaubte sie keine Sekunde, egal, wie enthusiastisch die krächzende und brüllende Stimme im Radio die Unschuld Deutschlands an dem Vorfall beteuerte. Sie wusste, dass etwas Gewaltiges auf sie zukommen würde. Etwas, über das sie bald die Kontrolle verlieren würden. Krieg.

Linda und Anneliese sahen sich an. Ihre Familien hatten gerade gemeinsam zu Abend gegessen, als Lindas Vater ans Telefon gerufen worden war und dann hektisch das Radio eingeschaltet hatte. Deutschland führte Krieg gegen Polen. Das war nicht nur für Deutschland schlecht, es durchkreuzte vor allem Annelieses und Lindas lange geschmiedete Pläne, wieder nach Deutschland zurück zu kehren. Nun war klar, dass es für sie keine Chance mehr gab. Sie würden ihre Heimat wohl nie mehr wiedersehen.

Esther lauschte in der Schweiz ebenfalls angespannt den Worten Hitlers. Sie konnte es einfach nicht fassen. Krieg in Deutschland! Wie würden ihre Freundinnen damit zurechtkommen? Und würde der Krieg sie auch in der Schweiz erreichen? Würde sie ihre Freundinnen überhaupt jemals wieder sehen? Als sie in die Runde blickte und bei allen Familienmitgliedern die gleichen Fragen in den Gesichtern lesen konnte, war ihr klar, dass ihr niemand eine Antwort würde geben können. Sie schluckte. Das war's, dachte sie.

Auch Theresa hörte von der Kriegserklärung. Sie hatte die Nachricht allerdings nicht aus dem Radio erfahren, sondern ihre Mutter hatte sie ihr am nächsten Tag erzählt. Sie hatte Theresa gebeten, nun besonders fleißig in der Schule zu sein, damit es wenigstens hier in Zukunft keine Probleme gab. Theresa war sicher, dass dieser Krieg bald zu Ende gehen würde. Es würde schon alles werden.

8

Wehrgesetz

Abschnitt I: Allgemeines

§ 1. (1) Wehrdienst ist Ehrendienst am deutschen Volke.
(2) Jeder deutsche Mann ist wehrpflichtig.
(3) Im Kriege ist über die Wehrpflicht hinaus jeder deutsche Mann und jede deutsche Frau zur Dienstleistung für das Vaterland verpflichtet.

§ 2. Die Wehrmacht ist der Waffenträger und die soldatische Erziehungsschule des deutschen Volkes. Sie besteht aus
    dem Heer,
    der Kriegsmarine,
    der Luftwaffe.

§ 3. (1) Oberster Befehlshaber der Wehrmacht ist der Führer und Reichskanzler.

Gesetz über die Vereidigung der Beamten und der Soldaten der Wehrmacht

§ 1. Die öffentlichen Beamten und die Soldaten

der Wehrmacht haben beim Eintritt in den Dienst einen Diensteid zu leisten.

§ 2. (...)
2. Der Diensteid der Soldaten der Wehrmacht lautet:
„Ich schwöre bei Gott den heiligen Eid, daß ich dem Führer des Deutschen Reiches und Volkes Adolf Hitler, dem Obersten Befehlshaber der Wehrmacht, unbedingten Gehorsam leisten und als tapferer Soldat bereit sein will, jederzeit für diesen Eid mein Leben einzusetzen."
(...)

Aus: Sartorius, Verfassungs- und Verwaltungsrecht, Sammlung von Reichsgesetzen, -verordnungen und -erlassen, 15. Auflage, 1. April 1944, C. H. Beck

Nun hatte ich plötzlich zwei Zeitzeuginnen an der Hand. Ich war überfordert. Mit welcher sollte ich zuerst sprechen? War es sinnvoll, chronologisch vorzugehen? Es schien mir, als hätte ich mir ewig darüber den Kopf zerbrochen. Am Ende warf ich einfach eine Münze und Frau Henle gewann.

Ich rief bei ihr an. Als sie sich mit einem einfachen und forschen „Henle" am Telefon meldete, wollte ich auch schon gleich erzählen, warum ich anrief. „Guten Tag Frau Henle. Ich heiße Penelope Poetis."

„Aha. Sie kenne ich aber nicht. Wie kann ich Ihnen helfen?"

Ein wenig überrumpelt von dieser sehr direkten Begrüßung antwortete ich: „Also, ich würde gerne mit Ihnen über Ihre Schulzeit am Max-Josef-Stift reden. Ich bin dort nämlich Schülerin und recherchiere für ein Archivprojekt."

„Ach, Sie sind vom Stift! Na das freut mich aber, dass mich mal wieder eine junge Stiftsschwester anruft!" Es klang wirklich so, als würde sie sich freuen. „Aber wie kann ich Ihnen mit Ihrem Archivprojekt weiterhelfen?"

„Na ja. Es geht mir eigentlich um die Schule zur Zeit des Nationalsozialismus. Immerhin sind Sie von 1932 bis 1938 auf die Schule gegangen. Das bedeutet, dass sie mitten im Umschwung auch die Wandlung der Schule miterlebt haben."

„Ja, das habe ich. Das waren damals wirklich schwere Zeiten. Aber die Schulzeit hat mir immer Freude bereitet."

„Ich würde mich freuen, wenn Sie mir davon berichten könnten, und zwar nicht am Telefon, sondern ich würde das gerne persönlich machen, also Sie besuchen."

„Natürlich, das können Sie gerne machen, wenn sie unbedingt eine alte Schachtel wie mich treffen wollen. Ich hätte kommenden Dienstag Zeit für Sie. Ist Ihnen das recht?"

„Ja, das ist super. Ich könnte direkt nach der Schule kommen, also so gegen 14.30 Uhr. Ist das okay?"

„Ja, das ist in Ordnung. Also dann bis Dienstag, meine Liebe."

„Bis Dienstag. Auf Wiederhören."

Froh und erleichtert, dass es so einfach gewesen war und so gut geklappt hatte, legte ich auf.

Am Dienstagmorgen suchte ich mir den Weg zu Frau Henles Wohnung heraus. Er war wirklich einfach, selbst für einen so orientierungslosen Menschen wie mich. Ich stieg direkt vor meiner Schule in den Bus, fuhr zwei Stationen, dann stieg ich aus, bog in einer Querstraße ab, dann in eine Querstraße von der Querstraße ein und dann in eine Querstraße von der Querstraße von der Querstraße, und schon war ich da.

Frau Henle wohnte im ersten Stock. Als ich klingelte, öffnete mir eine relativ große, schlanke Frau die Tür. Sie war offensichtlich schon sehr alt und hatte ein gütiges Gesicht. Ihre Haare waren braun gefärbt, auch wenn ich am Haaransatz einige weiße Strähnchen entdeckte, und in eine Welle geföhnt, die perfekt saß und die vermutlich nicht einmal ein Tornado hätte zerstören können. Sie war genau das, was man sich unter einer perfekten Großmutter vorstellte.

„Hach ja! Da sind Sie ja! Schön, dass Sie mich besuchen."

Ich trat vor und schüttelte ihr die Hand. „Hallo, freut mich, dass ich kommen durfte. Ich bin Penelope Poetis."

„Ach Kindchen, das weiß ich doch schon!", sagte sie und lachte. „Nun kommen sie aber rein. Sie wollen doch bestimmt nicht auf dem Flur mit mir reden."

Sie stieß die Tür vollends auf und machte mir Platz, damit ich eintreten konnte. Ihren Füßen waren die Schwächen des Alters anzusehen; sie steckten in schwarzen Gesundheitsschuhen und Frau Henle musste sich auf ein kleines Holzwägelchen stützen. „Ich gelte ja schon als gehbehindert, aber trotzdem versuche ich die meisten Strecken zu laufen. Kommen Sie und setzen Sie sich ins Esszimmer."

Sie hatte eine sehr große Wohnung. Die Wände waren weiß gestrichen und der Boden mit beigem Teppich ausgelegt. Hie und da lag auch ein Perserteppich darauf. Ich trat in das Esszimmer ein. Es war ein heller Raum mit einem großen Fenster, aus dem man direkt auf die Straße schauen konnte. In der Mitte stand ein kreisrunder Tisch, der aus dunkelbraunem Holz gefertigt war und hellbraune Emailleverzierungen trug. Er war offensichtlich schon sehr alt und wahrscheinlich ein Erbstück. Um den Tisch herum standen vier Stühle aus dem gleichen Holz, an den Wänden halbhohe Regale, alle voll mit Büchern oder Fotos.

„Setzen sie sich doch bitte schon einmal hin. Ich werde uns was zu trinken und zu knabbern besorgen."

„Soll ich Ihnen helfen?", fragte ich.

Frau Henle lachte und sagte: „Ach nein, Liebes, setzen Sie sich doch bitte schon mal. Möchten Sie Ihr Wasser mit oder ohne Kohlensäure?"

„Bitte mit Kohlensäure. Danke schön."

Während sie sich und ihr Wägelchen aus dem Zimmer in Richtung Küche schob, setzte ich mich auf einen Platz und holte mein Diktiergerät aus der Tasche. Als Frau Henle das Zimmer wieder betrat, hatte sie neben der Wasserflasche und den zwei Gläsern auch noch drei Packungen Kekse mitgebracht.

„Ich hoffe, Sie mögen Kekse?", fragte sie und setzte sich zu mir an den Tisch. Ich nickte.

„Dann können Sie ja gleich eine Packung aufmachen und hier auf den Teller legen."

Ich öffnete die Packung, legte die Kekse auf den Teller und begann: „Also, Frau Henle, Sie waren ja auch auf dem Max-Josef-Stift ..."

Zu mehr kam ich nicht, denn sie fiel mir gleich ins Wort: „Aber bevor wir anfangen, sollten Sie auf jeden Fall erst mal einen Keks essen. Sie kommen direkt aus der Schule und sind bestimmt hungrig."

Sie sagte es so bestimmt, dass ich mich nicht traute zu widersprechen. Ich nahm einen Keks und biss eine Ecke ab. „Also, Frau Henle", begann ich von Neuem. „Sie waren auf dem Max-Josef- Stift. Wann sind Sie denn eingetreten?"

„Das war im Jahre 1932. Damals war das Max-Josef-Stift noch kein Gymnasium, sondern führte nur zur Mittleren Reife. Also hatten wir nur sechs Jahre, die wir auf der Oberschule verbrachten. Das war schon eine sehr schöne Zeit. Wir hatten unser Gebäude in der Ludwigstraße und hatten einen riesigen Garten, in dem wir in der Mittagspause spielen durften. Ich war damals genau elf Jahre alt, als ich in die Schule eintrat. 1932 war ja noch vor der Regimeübernahme der Nationalsozialisten, und wir hatten eine tolle Schulleiterin. Ihr Name war Gräfin Lambsdorff und wir hatten einen Heidenspaß mit ihr. Sie konnte sehr streng sein, aber sie war auch immer gutmütig mit uns und ließ kleinere Vergehen auch einmal durchgehen.

Damals war ich Halbexterne. Das bedeutet, dass ich den ganzen Tag in der Schule verbracht habe, aber immer um sieben Uhr abends wieder nach Hause gefahren bin. Da hatten wir in der Schule aber auch schon zu Abend gegessen und alle unsere Schularbeiten erledigt. Wir hatten zwei verschiedene Studierzeiten, die auch in unterschiedlichen Räumen stattfanden. In der Studierzeit vor dem Nachmittagstee durften wir zusammenarbeiten und diejenige, die den Stoff am besten begriffen hatte, durfte ihn den anderen erklären. Das war sehr praktisch, weil es uns meist unangenehm war, die Lehrer ein weiteres Mal aufzusuchen, um uns den Stoff erklären zu lassen. In der zweiten Studierzeit durfte dann kein Wort mehr gesprochen werden. Diese Zeit galt dem Selbststudium. Wir fingen damals mit Französisch als Fremdsprache an. Das war seit der Gründung der Schule Tradition. Und wir lernten auch noch den Hofknicks.

Jeden Morgen gingen wir Katholiken in unsere kleine Kapelle, und die Evangelen hatten im ersten Stock einen Betsaal. Damals war auch der Franz Josef Strauß bei uns Ministrant, und als ich den später mal wieder getroffen habe, da war ich so ungefähr dreißig, habe ich ihn angesprochen und wir haben den ganzen Abend über die schöne Zeit am Max-Josef-Stift geredet.

Na ja, aber das tut jetzt hier nichts zur Sache. Nehmen Sie sich doch noch einen Keks!"

Ich tat wie geheißen und griff noch einmal zu.

„Und die Gräfin Lambsdorff, die haben wir alle geliebt. Auch nachdem die ‚Machtergreifung' längst stattgefunden hatte, hat die Gräfin uns davor bewahrt, dass wir in den BDM eintreten mussten. Wir haben eigentlich in unserer ganz eigenen kleinen Welt gelebt und uns von der Politik nicht beeinflussen lassen. Aber dann, 1935, bekam die Gräfin ein Schreiben zugesandt, in dem stand, dass sie nicht regimekonform sei und dass der Freistaat Bayern nicht länger gewillt sei, sie als Direktorin zu tragen. Und so schied die Gräfin nach vielen Jahren aus dem Dienst. Ihre Stelle nahm Dr. Georg Herting ein, und der war ein Obernazi, der hatte ja auch das goldene Parteiabzeichen. Den haben wir ziemlich geärgert. Wir konnten ihn alle nicht ausstehen. Nicht mal das Lehrerkollegium stand geschlossen hinter ihm. Und er hat sehr viele Dinge verändert, so wurde zum Beispiel die Schuluniform abgeschafft. Nehmen Sie sich doch bitte noch einen Keks."

Und ich griff wieder zu.

„Die Schuluniform hatte mir immer sehr gut gefallen. Wenn wir Mädchen alle in schwarzen Kleidern herumgelaufen sind und wir je nach Klassenstufe einen andersfarbigen Gürtel trugen, sahen wir doch immer sehr schick aus. Und wenn wir ausgegangen sind, zum Beispiel um ein Museum zu besuchen, mussten wir immer alle weiße Handschuhe tragen, und wer keine hatte, der durfte auch nicht mit. Ich hab immer absichtlich meine Handschuhe vergessen, um in dem wunderschönen Garten, den wir hatten, spielen zu können. Aber das war ab der Amtsübergabe an Dr. Herting nicht mehr möglich. Es hatte sich so vieles geändert."

1940
Erika saß in einem Zug. Er würde sie weit weg von zu Hause bringen, das wusste sie. Tief hinein irgendwo ins besetzte Polen. Ab sofort würde sie bei weiblichen Häftlingen die Aufsicht führen. Sie freute sich schon darauf. Ein Kommandant der SS hatte sie über ihre Gesinnung und Treue zum Führer befragt und sie dann weiterempfohlen. In Zukunft würde sie also dafür sorgen, dass ihre Landsleute daheim beruhigt schlafen konnten. Unter ihrer Aufsicht würden die Gefangenen schnell lernen, dass sie keine Scherereien machen sollten.

Im Vorfeld war allerlei Papierkram zu erledigen gewesen. Unter anderem hatte sie versichern müssen, dass sie niemals etwas von dem weitererzählen würde, was sie in dem Gefangenenlager sah. Es war ihr leicht gefallen, das zu unterschreiben. Sie hatte nur wenige Freunde, und auch mit Aurora hatte sie seit deren Hochzeit nicht mehr geredet. Der Zug fuhr nun schon seit Stunden, und vom vielen Sitzen tat ihr der Hintern weh. Aber bald würden sie da sein.

Sie wusste noch nicht genau, was sie erwarten würde, aber es musste großartig sein. Es war Mitte Juni und sie trug nur einen leichten Reisemantel, der sie ungeheuer seriös wirken ließ, wie sie fand. Im Zug hatte sie sich schon mit einigen ihrer Mitreisenden unterhalten können und herausgehört, dass es sich bei ihrem Ziel um etwas nie zuvor Dagewesenes handeln musste. Alle sprachen ehrfürchtig davon, dass der Führer die Probleme richtig anging und es für Deutschland bald keine Probleme mehr geben würde, wenn er so weiter machte. Erika freute sich riesig auf ihren neuen Arbeitsplatz.

Endlich fuhr der Zug in den Bahnhof ein. Sie nahm ihren Hut und ihr Köfferchen und trat nach draußen. Vor ihr lag der Eingang des Lagers. Über dem Tor stand in eisernen Lettern und geschwungener Form „Arbeit macht frei!". Das war also ihr neues Zuhause. Mal sehen, wie lange es ihr hier in Auschwitz gefallen würde.

Sebastian war längst eingezogen worden. Man hatte es zwar vorhersehen können, aber trotzdem war es für Aurora ein Schock. Nachdem er gegangen war, hatte sie tagelang geweint. Sie erinnerte sich nur zu gut an die Geschichten aus dem Weltkrieg und konnte ihre furchtbare Angst um Sebastian nicht unterdrücken. Wahrscheinlich würde ihm etwas passieren. Es war einfach unsinnig zu glauben, dass ausgerechnet er heil aus der Sache herauskam. Sie hatte schon einige Frauen auf der Straße gesehen, die nur noch Schwarz trugen. Und sie erlitt regelrechte Panikattacken, wenn die Feldpost kam. War womöglich die Todesnachricht dabei?

Bisher hatten sie Glück gehabt. Sebastian war momentan in Frankreich. Er hatte den Blitzkrieg und die Besetzung von Paris gut überstanden und schrieb ihr nun, wie wunderschön die Stadt an der Seine doch sei. In seinen Briefen schlug er oft vor, dass sie hier einmal gemeinsam Urlaub machen sollten, sobald der Krieg gewonnen sei. Offensichtlich hatte er seit dem Feldzug nicht mehr viele militärische Aufgaben. Die Soldaten versuchten, sich mit angenehmen Dingen wie Kinobesuchen die Zeit zu vertreiben.

Aurora war froh, dass es Sebastian gut ging, aber wenn er allzu euphorisch über die Schönheit der Stadt und seine unterhaltsame Freizeit schrieb, versetzte ihr die Eifersucht einen zornigen Stich. Wenn er dort nichts zu tun hatte, konnte er ja auch wieder zu ihr zurückkommen, oder? Aber sie würde sich gedulden müssen. Erst in gut acht Monaten hatte Sebastian überhaupt

Aussicht auf Fronturlaub. Und wenn er Pech hatte, wurde er gar in eine andere Division versetzt. Vielleicht in eine nach Osten. Dort schien sich die Eroberung wesentlich schwieriger zu gestalten als im Westen. Von dort kamen auch wesentlich mehr Todesmeldungen. Aurora versuchte, sich nicht von ihren Gefühlen verwirren zu lassen, und hoffte einfach, dass Sebastian wohlbehalten zurückkehren würde.

Linda und Anneliese hatten sich wieder getroffen. Nun sah es wirklich schlecht für sie und ihre Familien aus. Linda hatte belauscht, was ihr Vater mit anderen besprochen hatte, und gab diese Information nun brühwarm an Anneliese weiter. „Es sieht schlecht für uns aus", sagte sie, kaum dass Anneliese ihr Versteck betreten hatte.

„Wie meinst du das?", fragte Anneliese, und Linda hörte sofort, dass sie Angst hatte.

„Na ja. Vater sagt, dass keiner damit gerechnet hat, dass die deutschen Truppen so problemlos in Paris einmarschieren. Er hatte wenigstens mit ein bisschen Widerstand gerechnet, der uns mehr Zeit verschafft hätte. Aber nun sitzen wir wirklich in der Klemme. Überall sind Deutsche und es wird nicht lange dauern, bis sie herausgefunden haben, dass auch wir Deutsche sind, und sich wundern, was wir hier in Paris treiben. Wenn die dann auch noch rauskriegen, dass wir geflohene Juden sind, können wir uns gleich erschießen, hat Vater gesagt."

„Was?" Anneliese starrte sie entsetzt an.

Linda sah die Panik in ihr aufsteigen und versuchte sie zu beschwichtigen. „Also, für uns beide wird es wohl etwas einfacher. Wir sprechen beide akzentfrei Französisch, und die kleinen Unebenheiten bemerkt so ein deutscher Armeetrottel ja sowieso nicht. Aber bei unseren Eltern wird der deutsche Akzent schnell auffallen, und das kann nichts Gutes für sie und natürlich auch für uns bedeuten. Wahrscheinlich müssen wir also untertauchen."

„Was wäre, wenn wir Frankreich noch verlassen?", fragte Anneliese.

„Es scheint so, als wäre das ein äußerst schwieriges Unterfangen. Reisen ist generell nicht mehr einfach. Vater hat gesagt, dass wir beide es möglicherweise in den Süden Frankreichs schaffen könnten. Die Frage ist aber, ob es uns dort besser erginge. Optimal wäre, wenn wir es noch in die Schweiz schaffen würden. Esthers Familie hat angeboten, dass wir bei ihnen unterkommen können. Wäre in jedem Fall eine Überlegung wert. Aber unsere Chancen stehen nicht gut."

„Wenn sie uns finden", begann Anneliese und ihre Stimme zitterte heftig, „wenn sie uns finden, glaubst du, sie werden uns dann umbringen?"

Linda wusste die Antwort nicht. Sie hoffte inständig, dass es nicht so wäre. Aber Hoffen war nach ihrer Erfahrung meist nicht besonders hilfreich.

Jetzt war also alles irgendwie wieder beim Alten, dachte Theresa. Sie besuchte immer noch das Max-Josef-Stift. Allerdings lag das Schulgebäude nicht mehr in der Mühlbauerstraße, obwohl sie dort gerade erst große Einweihung gefeiert hatten, sondern sie ging nun wieder in der Ludwigstraße zur Schule. Um die Verwirrung perfekt zu machen, hatten sie aber nicht wieder ihr eigentliches Schulgebäude beziehen können, sondern waren gegenüber ins Gregorianum gezogen. Obwohl also alles anders war, war es doch gleich.

Das Gebäude in der Mühlbauerstraße wurde inzwischen als Hilfskrankenhaus verwendet. Nun waren sie also wieder zurück, aber eben in der Priesterlehranstalt. Dass es so etwas überhaupt noch gab, hatte sie schon sehr gewundert, denn die Nazis waren eigentlich antireligiös eingestellt und hatten auch den Religionsunterricht an den Schulen verboten. Oder besser gesagt, es war den meisten Religionslehrern verboten worden zu unterrichten. Weil die Missachtung der Menschenrechte, vor allem gegenüber den jüdischen Mitbürgern, nicht mit dem christlichen Glauben zu vereinbaren war, sprachen viele Religionslehrer gegen das Regime. So hatte einer nach dem anderen gehen müssen, und ihre Stellen wurden einfach nicht neu besetzt.

So wie die Religionslehrer verschwunden waren, hatte man auch die Kreuze aus den Klassenzimmern entfernt, um an deren Stelle Porträts von Adolf Hitler aufzuhängen. Deshalb hatten sie beim Einzug ins Gregorianum fast einen Schock bekommen: Überall hingen Kreuze, waren Bildnisse der heiligen Maria und anderer Heiliger zu sehen, und nirgendwo gab es die Spur eines Hakenkreuzes oder eines Hitlerporträts. In diesen altehrwürdigen Räumen erhielten sie nun ihren Unterricht. Allerdings waren nicht genug Räume vorhanden; deshalb mussten Stunden wie Sport oder Handarbeit in andere Gebäude verlegt werden, und das empfanden die Schülerinnen als lästig.

Seit Kriegsbeginn hatten sich die Bedingungen ohnehin extrem verschlechtert. Das halbe Kollegium war zur Wehrmacht eingezogen worden, und die Stellen der Männer wurden mit Frauen besetzt. Allerdings gab es teilweise nicht mehr genug Lehrer. Also mussten die verbliebenen Lehrkräfte ihr Stundenpensum oft überschreiten und bei einigen Fächern kam es vor, dass diese gar nicht mehr unterrichtet werden konnten. Zudem trafen die externen Schülerinnen oft verspätet zum Unterricht ein. Viele von ihnen mussten mit dem Zug in die Münchner Innenstadt fahren, aber die meisten Züge wurden nur noch für den Transport von Kriegsgütern verwendet, und viele Bahngleise waren von britischen Flugzeugen bombardiert worden. Weil Stahl ausschließlich für die Rüstungsindustrie reserviert war, wurden die gekappten Verbindungen nicht instandgesetzt und blieben unbefahrbar.

Bisher hatten sie nur einen Bombenangriff erlebt. Aber aus dem, was Theresa von ihrem Vater gehört hatte, ließ sich schließen, dass sie noch mit weiteren Angriffen zu rechnen hatten, wenn sie diesen Krieg nicht bald gewannen. Davor hatte sie große Angst. Der erste Angriff war furchtbar gewesen. Sie bekam die Bilder einfach nicht mehr aus dem Kopf und träumte regelmäßig davon. Die Sirenen hatten sie aus dem Schlaf gerissen, und Theresa war mit ihrer gesamten Familie in den nächsten Bunker geflüchtet. Da saßen sie mehrere Stunden zusammengekauert und aneinandergedrückt und hatten zugehört, wie vieles von ihrer schönen Stadt zerstört wurde.

Als der Angriff schließlich vorüber war, verließen sie den Bunker. Theresa erinnerte sich noch, dass alle Bäume um sie herum gebrannt hatten. Aber es roch nicht nur nach brennendem Holz. Es roch auch nach brennenden Haaren und brennendem Fleisch. Ihre Mutter hatte sofort verstanden und sie angewiesen, ihre Augen zu schließen. Theresa hatte sich gefürchtet vor dem, was sie sehen würde, und war der Anweisung widerspruchslos gefolgt. Ihre Mutter hatte sie sicher nach Hause gebracht und nach einiger Zeit war sie auch wieder eingeschlafen. Aber dieser Geruch hatte sich so intensiv in ihrer Nase festgesetzt, dass ihr Gehirn nun ganz von selbst Bilder daraus zusammensetzte. Wenn sie träumte, dann träumte sie von glühend roten Bäumen und brennenden Haaren. Nur der Schulalltag half ihr, die schrecklichen Bilder allmählich zu verdrängen oder gar zu vergessen. Deshalb war sie ganz froh, dass alles wieder beim Alten war.

Marita hatte ihr Studium begonnen. Sie hatte den sinnlosen Reichsarbeitsdienst mehr schlecht als recht hinter sich gebracht und alle Hürden zur Hochschulaufnahme gemeistert. Während des Arbeitsdienstes hatte sie eine Familie in Wörth im Haushalt unterstützen müssen. Aber das war keine normale Familie gewesen. Die Kinder waren allesamt kleine Ungeheuer, und davon gab es auch noch zehn Stück. Marita hatte Betten gemacht, den ganzen Tag geputzt, und dann musste sie sich zu allem Überfluss um diese Plagen kümmern, die alle weder Anstand noch Manieren hatten und obendrein so dumm waren, dass sie nicht bis vier zählen konnten. Wenn Hitler eine solche Familie lieber hatte als die eleganten, gebildeten jüdischen Familien, die er alle aus Deutschland vertrieben hatten, dann stand es noch ärger um ihre Heimat, als sie befürchtet hatte.

Nun aber war sie offiziell Studentin der Politik. Sie würde alles Mögliche erlernen und dann Hitlerdeutschland zeigen, was ein wahres deutsches Mädel so alles konnte. Die würden sich auf etwas gefasst machen müssen. Sie würde nicht kampflos untergehen.

9

Deutsches Beamtengesetz

Ein im Deutschen Volk wurzelndes, von nationalsozialistischer Weltanschauung durchdrungenes Berufsbeamtentum, das dem Führer des Deutschen Reiches und Volkes, Adolf Hitler, in Treue verbunden ist, bildet einen Grundpfeiler des nationalsozialistischen Staates. Daher hat die Reichsregierung folgendes Gesetz beschlossen, das hiermit verkündet wird:

Abschnitt I: Das Beamtenverhältnis
§ 1. (1) Der deutsche Beamte steht zu Führer und Volk in einem öffentlich-rechtlichen Dienst- und Treueverhältnis (Beamtenverhältnis).

(2) Er ist der Vollstrecker des Willens des von der Nationalsozialistischen Deutschen Arbeiterpartei getragenen Staates.

(3) Der Staat fordert von dem Beamten unbedingten Gehorsam und äußerste Pflichterfüllung; er sichert ihm dafür seine Lebensstellung.
(...)

Abschnitt II: Pflichten des Beamten

1. Allgemein

§ 3. (1) Die Berufung in das Beamtenverhältnis ist ein Vertrauensbeweis der Staatsführung, den der Beamte dadurch zu rechtfertigen hat, daß er sich der erhöhten Pflichten, die ihm seine Stellung auferlegt, stets bewusst ist. Führer und Reich verlangen von ihm echte Vaterlandsliebe, Opferbereitschaft und volle Hingabe der Arbeitskraft, Gehorsam gegenüber den Vorgesetzten und Kameradschaftlichkeit gegenüber den Mitarbeitern. Allen Volksgenossen soll er ein Vorbild treuer Pflichterfüllung sein. Dem Führer, der ihm seinen besonderen Schutz zusichert, hat er Treue bis zum Tode zu halten.

(2) Der Beamte hat jederzeit rückhaltlos für den nationalsozialistischen Staat einzutreten und sich in seinem gesamten Verhalten von der Tatsache leiten zu lassen, daß die Nationalsozialistische Deutsche Arbeiterpartei in unlöslicher Verbundenheit mit dem Volke die Trägerin des deutschen Staatsgedankens ist. (...)

(3) Der Beamte ist für gewissenhafte Erfüllung seiner Amtspflichten verantwortlich. Durch sein Verhalten in und außer dem Amte hat er sich der Achtung und des Vertrauens, die seinem Berufe entgegengebracht werden, würdig zu zeigen. Er darf nicht dulden, daß ein seinem Hausstande

angehörendes Familienmitglied eine unehrenhafte Tätigkeit ausübt.

2. Treueid
§ 4. Die besondere Verbundenheit mit Führer und Reich bekräftigt der Beamte mit folgendem Eide, den er bei Antritt seines ersten Dienstes zu leisten hat:
„Ich schwöre: Ich werde dem Führer des Deutschen Reichs und Volkes, Adolf Hitler, treu und gehorsam sein und meine Amtspflichten gewissenhaft erfüllen, so wahr mir Gott helfe."
(...)

Aus: Sartorius, Verfassungs- und Verwaltungsrecht, Sammlung von Reichsgesetzen, -verordnungen und -erlassen, 15. Auflage, 1.April 1944, C. H. Beck

„Liebes, nehmen sie sich doch bitte noch einen Keks." Und ich nahm mir erneut einen Keks, obwohl mir allmählich schlecht davon wurde.

Frau Henle setzte wieder an: „Alle Lehrer wurden 1935 zu einem persönlichen Gespräch mit zwei Ministeriumsangestellten geladen und über zwei Stunden lang ausgequetscht. Diejenigen, die nicht hundertprozentig hinter dem Regime standen, wurden sofort entlassen. So kam es zu einer ziemlichen Veränderung im Kollegium, und das hat uns Schülerinnen überhaupt nicht gefallen. Aber nicht alle Veränderungen waren zwingend negativ. So wurde unter Dr. Herting auch das Gymnasium eingeführt, was damals schon ein großer Fortschritt war. Aber weil das Kollegium sich so verändert hatte und wir viele Lehrer nicht mochten, haben wir teilweise echt gemeine Sachen gemacht. Ich kann Ihnen da eine Geschichte erzählen, die Sie aber nicht weitererzählen dürfen. Wir haben es doch einmal tatsächlich geschafft, in nur einer Woche einhundertvierzig Verweise zu sammeln. Nur in unserer Jahrgangsstufe, und wir waren zu zehnt!

Auf jeden Fall haben wir den Lehrern ständig Streiche gespielt und unsere Hausaufgaben einfach nicht gemacht. Dafür bekam man immer gleich einen Verweis. Aber damals war es noch so, dass die Verweise zuerst ins Klassenbuch eingetragen wurden und erst am Ende der Woche, also freitags, verschickt wurden. Und da hat doch tatsächlich eine aus meiner Klasse am Donnerstagnachmittag das Klassenbuch einfach mitgenommen und bei sich zu Hause in den Müll geworfen. Da hat dann keine von uns einen Verweis bekommen. Das Beweismaterial war ja im Mülleimer gelandet." Sie begann herzhaft zu lachen und konnte kaum noch an sich halten.

„Nehmen sie sich doch bitte noch einen Keks." Aber jetzt brachte ich wirklich keinen Keks mehr herunter.

„Nein danke, ich möchte keinen mehr", sagte ich.

„Was? Schmecken Ihnen die Kekse denn nicht?"

„Doch, doch, sehr gut sogar, aber..."

„Na, dann nehmen sie sich doch noch einen!",
sagte Frau Henle und schob den Keksteller näher
zu mir. Ich nahm mir noch einen und murmelte
ein flüchtiges „Danke".

„Gab es eigentlich zu Ihrer Zeit auch Jüdinnen
am Max-Josef-Stift?"

„O ja. In meinem Jahrgang gab es sogar zwei.
Die eine hieß Marion und die andere Iris. Iris war
die Tochter vom damaligen MAN-Chef und die
ist schon 1934 in die Schweiz immigriert. Ich
hatte dann relativ lange keinen Kontakt mehr zu
ihr, aber seit einigen Jahren schreiben wir uns
regelmäßig Briefe.

Marion ist 1935 aus der Schule verschwunden
und ich habe nie wieder etwas von ihr gehört.
Eigentlich möchte ich mir auch gar nicht ausmalen, was ihr wohl zugestoßen ist. Wir können nur
hoffen, dass sie und ihre Familie schlau genug
waren, aus Deutschland zu verschwinden."

Sie legte eine Pause ein. Offensichtlich dachte
sie daran, was Marion alles hatte zustoßen können; ihr Mienenspiel verriet es.

„Nehmen sie sich doch noch einen Keks."
Ohne ein Widerwort nahm ich mir noch einen.

„Das Leben damals war hart und als ich 1938
dann mit der Schule fertig war, wurde es erst
richtig schlimm. Nach dem Ersten Weltkrieg und
der Weltwirtschaftskrise dachten wir alle, es
könnte nicht schlimmer kommen. Aber wir hatten uns so geirrt. Der Krieg, der jetzt auf uns
zukam, sprengte alles bisher Dagewesene."

„Was haben Sie gemacht, als Sie die Schule abgeschlossen hatten?", fragte ich.

„Nun, also, ich bin den typischen Weg gegangen und hab eine Lehre gemacht. Ich bin auf einen Bauernhof gezogen, um mich dort zur Agrarwirtschafterin ausbilden zu lassen. Das war eine Umstellung, kann ich Ihnen sagen. Auf einem Bauernhof ist das Leben ein ganz anderes als in der Stadt. Man hat auch nie Wochenende gehabt. Die Tiere mussten ja auch sonntags versorgt werden. Während dieser Zeit habe ich auch meinen Mann kennen gelernt. Wir haben dann 1943 geheiratet und 1945 unser erstes Kind bekommen. Ich weiß noch genau, wie viel Angst ich hatte. Unsere Kleine wurde drei Monate vor Kriegsende geboren, und ich war damals zu meinem Vater aufs Land nach Fischbachau gezogen.

Und dann kamen die Amerikaner. Die hatten ja ganz Bayern besetzt, und die sind dann auch nach Fischbachau gekommen. Zu Beginn habe ich mich vor denen wirklich gefürchtet. Mein Englisch war nicht besonders gut, und so hatten wir Schwierigkeiten uns zu verständigen. Vor allem wir Frauen hatten Angst, denn wir hatten aus Berichten gehört, dass Frauen von den Besatzungssoldaten oft vergewaltigt wurden. Aber diesem Schicksal sind wir zum Glück alle entgangen. Die Amerikaner haben teilweise schon sehr komische Sachen gemacht. Zum Beispiel haben sie Handgranaten bei uns in den Teich geworfen. Das war ihre Art zu fischen! Aber sie sind dann auch relativ bald wieder abgezogen, denn Fischbachau ist wirklich ein Nest und die Soldaten wurden eher in den Großstädten gebraucht. Und dann verging die Zeit wie im Fluge und Deutschland erstrahlte in neuem Glanz."

Sie atmete tief durch. „Ja das waren schon sehr schwere Zeiten. Aber auch das war machbar. Und meine Familie hatte ja Glück. Wir sind da alle heil rausgekommen. Bei mir in der Familie waren ja auch keine Nazis. Mein Vater und meine Mutter haben sich beide geweigert, in die NSDAP einzutreten. Aber man muss auch dazu sagen, dass wir keine Aufständischen waren. Auch wir haben nichts unternommen, sondern uns mit der Situation abgefunden."

Frau Henle legte wieder eine Pause ein und wirkte sehr nachdenklich.

„Aber die Zeit am Max-Josef-Stift war immer eine ganz besondere. Ich kenne kaum jemanden, der so gut von seiner Schulzeit sprechen kann wie ich. Wir waren ganz besondere Mädchen. Die ganze Stadt wusste, dass wir Stiftlerinnen besonders intelligent und besonders gut erzogen waren. Wir hatten in der Stadt einen hervorragenden Ruf, und das haben wir alle genossen. – Nehmen Sie sich doch bitte noch einen Keks. Ich möchte die Packung nicht so halb leer wieder ins Regal stellen."

Es war sinnlos zu argumentieren, und so nahm ich mir eben noch einen.

„Frau Henle, würden sie sagen, dass das Max-

Josef-Stift eine regimetreue Schule war?", fragte ich.

Sie nickte langsam. „Kindchen, ich habe Ihnen ja eben schon erklärt, dass sich mit der Regimeübernahme der Nazis alles geändert hatte. Zu Beginn der ganzen Sache wollte das keiner wirklich wahrhaben, und ich muss ganz ehrlich sagen, dass ich auch zu jung war, um genau zu verstehen, was sich da gerade abspielte. Als ich das dann begriffen hatte, wollte ich nur noch weg. Ich fand das alles ganz schrecklich. Aber was hätte ich tun sollen? Ich habe mich darum gekümmert, dass ich meine Ausbildung erfolgreich beende und dass ich einfach überlebe. Für alles andere hatte ich keinen Kopf.

Einige Dinge habe ich anders gemacht als viele andere. Ich habe mich zum Beispiel nie in die Organisationen der Nazis reindrängen lassen. Aber de facto habe ich auch nichts dagegen getan oder versucht, weiteres Übel zu verhindern. Die Nazis hatten so ihre Methoden, die Menschen zum Stillhalten zu zwingen. Und nach und nach häuften sich die Fälle, in denen Menschen aufgrund von Hochverrat hingerichtet wurden. Die berühmtesten Münchener Fälle sind wohl die Geschwister Scholl und Pater Delp. Da hat man dann doch lieber die Füße still gehalten.

Aber während meiner Schulzeit, muss ich sagen, habe ich einfach alles so gemacht, wie es mir gesagt wurde. Als das Lehrerkollegium dann ausgewechselt wurde, hat mich das schon gestört, aber ich habe mich auch nicht laut beschwert."

Das Gespräch hatte sie offensichtlich müde gemacht. Sie fragte mich noch nach meiner Schulzeit, und ich erzählte ihr ein wenig vom Stift von heute. So ratschten wir noch ein bisschen. Ich erzählte viel von mir und meiner Familie, und nach gut zweieinhalb Stunden war das Gespräch beendet.

Frau Henle begleitete mich zur Tür. Als ich mich gerade verabschieden wollte, zog sie aus ihrer Tasche noch eine Packung Kekse. „Nehmen Sie diese für den Heimweg mit, Kindchen. Damit Sie nicht so einen Hunger kriegen."

Ich musste mir das Lachen verkneifen, nahm die Kekse und bedankte mich höflich für das Gespräch. Draußen vor der Tür öffnete ich die Kekspackung. Dann würde ich eben an einer Überdosis Zucker sterben.

1941
Angst hatte sie gehabt. Das wusste sie noch ganz genau. Eines Abends war Linda recht spät von der Arbeit nach Hause gegangen. Auch sie hatte die Schule längst abgeschlossen. Ziemlich gut sogar. Aber da die Situation nun so verfahren und Paris von Deutschen besetzt war, hätte sie sich an keiner Universität bewerben können, ohne sich selbst ans Messer zu liefern. Also hatte sie eine Aushilfstätigkeit bei ihrer Tante Ada angenommen. Es war nicht das Gelbe vom Ei,

aber sie hatte etwas zu tun, um sich die Zeit zu vertreiben und nicht völlig sinnlos vor sich hinzuvegetieren. Auch Anneliese arbeitete dort, und so hatte sie wenigstens eine gute Freundin an ihrer Seite.

Sie war auf dem Heimweg, und die Dämmerung hatte schon längst eingesetzt, als ihr zwei deutsche Soldaten entgegenkamen, die offensichtlich Freigang hatten. Sie ließen es sich nicht nehmen, sie anzusprechen. „Hey du!", rief der eine ihr zu. Er war ein schicker Typ. Wäre er nicht so eine Gefahr für sie gewesen, hätte sie sicher ein bisschen mit ihm geplaudert und ihm schöne Augen gemacht. Er war vielleicht um die 25 Jahre alt, groß, schlank und sportlich, hatte dunkelbraunes, perfekt gescheiteltes Haar und blaue Augen. Sein Begleiter schien ungefähr gleich alt, und auch er sah ausgesprochen gut aus. Sein wildes, dunkelblondes Haar hatte er mit etwas Pomade zu bändigen versucht, was ihm aber offensichtlich misslungen war. Er hatte stahlblaue Augen und war ein sehr sportlicher Typ.

Auf den Ruf hin blieb Linda sofort stehen. Im ersten Moment dachte sie, damit preisgegeben zu haben, dass sie Deutsch verstand. Aber dann fiel ihr ein, dass wohl jeder Pariser stehen bleiben würde, wenn ihn ein Deutscher laut zurief. Sie bemühte sich, tief zu atmen und ihr wild pochendes Herz zu beruhigen. „Sie wissen nicht, dass du Deutsche bist. Sie wissen nicht, dass du Jüdin bist.

Beruhige dich!", versuchte sie sich selbst zur Ordnung zu rufen. Sie blickte die beiden Soldaten an und versuchte, einen festen, aber verbindlich wirkenden Blick aufzusetzen. Die beiden sollten nicht merken, wie viel Angst sie hatte.

Jetzt kamen sie direkt auf Linda zu. Der Lichtschein der Straßenlaternen strich ihnen immer wieder über die Gesichter. Linda musste sich zwingen, nicht zu lachen, als sie hörte, was die beiden sprachen: „Die sieht schick aus, komm, die laden wir auf ein Glas Wein ein!"

„Bist du verrückt?", entgegnete der andere. „Die ist Französin, Mann! Wie sollen wir das unseren Kommandanten erklären, dass wir durch die Stadt ziehen und hübsche Frauen einsammeln?"

„Ach komm, stell dich nicht so an! Du hast keine Angst vor unserem Kommandanten, sondern vor deiner Frau! Aber die ist nicht hier, und nach der harten Arbeit haben wir uns ein bisschen Entspannung verdient. Eine Stadt wie Paris nimmt sich ja nicht von selbst ein!"

„Du bist wirklich ein Depp. Mach meinetwegen, was du willst."

„Na schön, dann gehen wir jetzt zu ihr. Komm schon."

Nun standen die beiden fast vor ihr. „Bon soir, Mademoiselle!", sagte der Dunkelhaarige und streckte seine Hand nach der ihren aus. Perplex erwiderte sie den Händedruck und er deutete einen Handkuss an, wobei er sie keine Sekunde aus den Augen ließ. „Würden Sie vielleicht...", begann er in sehr holprigem Französisch mit starkem deutschem Akzent. Er blickte seinen Begleiter an und fragte auf Deutsch: „Wie sagt man auf Französisch, man würde gerne etwas trinken gehen?"

Der Blonde zuckte nur mit den Schultern. „Keine Ahnung." Dann setzte er in stichelndem Tonfall hinzu: „Aurora wüsste so was. Die hatte in der Schule Französisch."

„Ach komm, hat die Klappe, du Weichei", sagte der andere. „Du wirst doch jetzt wohl nicht wieder anfangen, deiner Frau hinterherzuheulen!" Ihm war wieder eingefallen, dass er eigentlich mit Linda sprechen wollte, deren Hand er immer noch in der seinen hielt. Die ganze Zeit über hatte sie sich bemüht, mit keiner Regung zu zeigen, dass sie jedes Wort der Männer verstand. Stattdessen versuchte sie sich zu erinnern, wie ihre damaligen Klassenkameradinnen sie bei ihren ersten Französischversuchen immer angesehen hatten, und genau dieses Gesicht aufzusetzen. Leicht arrogant und leicht verwundert.

„Mademoiselle, trinken mit uns etwas? Vielleicht?" Linda musste fast lachen, zum einen ob der lächerlichen Frage, zum anderen wegen der wirklich furchtbaren Aussprache des Deutschen. Sie schüttelte den Kopf, um nicht sprechen zu müssen. Der Deutsche war aber hartnäckig. Statt ihr Kopfschütteln als Abfuhr zu interpretieren, glaubte er wohl, sie hätte nicht verstanden. Er wandte sich wieder an seinen Kameraden. „Komm, Basti, red' du mit ihr! Dein Französisch ist besser als meins!"

„Nee, ich mach das nicht", entgegnete Sebastian. „Wenn du dich mit 'ner süßen Französin abgeben willst, dann musst du auch selbst rauskriegen, wie das funktioniert."

Sebastian grinste den Brünetten spitzbübisch an. „Wäre doch traurig, wenn du mich die ganze Nacht als Übersetzer dabei haben müsstest."

Linda sah sich diesen Basti genauer an. Sie hatte sich die ganze Zeit nur auf ihren Verehrer konzentriert, aber jetzt betrachtete sie den Blonden. Sie hatte das Gefühl, ihn zu kennen oder zumindest schon einmal gesehen zu haben. Als er so spitzbübisch gegrinst hatte, war es ihr aufgefallen. Sie beobachtete ihn, wie er zur Mauer eines an den Gehweg angrenzenden Grundstücks ging und sich lässig an die Wand lehnte, die Ärmel seines Hemdes sorgfältig hochkrempelte und die Arme verschränkte. Er sah hoch und ihre Blicke trafen sich kurz, aber Linda sah sofort weg. Es war ihr wieder eingefallen. Wie er da stand, mit lässig verschränkten Armen und gespannt darauf wartend, was sein Kamerad als nächstes vorhatte. Er war Münchner, da war sie ganz sicher. Sie war vielleicht zwölf Jahre alt gewesen, da hatte er immer am Brunnen vor ihrer Schule auf ein Mädchen gewartet. Die war in Erikas Klasse gewesen, und Erika wiederum war die ältere Schwester ihrer Klassenkameradin Marita. Es gab keinen Zweifel, dass er es war. Über Monate hinweg war er das Gesprächsthema Nummer eins an der Schule gewesen, und Linda und ihre Freundinnen hatten sich einen Spaß daraus gemacht, ihn und seine Angebetete zu beobachten und Gerüchte in der Schule zu verbreiten. Und nun stand er hier? In Paris? Wie wahrscheinlich war das?

Ihr Verehrer versuchte, ihre Aufmerksamkeit zurückzuerlangen. Er drückte ihre Hand fester und zwang sie so, ihm in die Augen zu sehen. „Trinken?", wiederholte er auf Französisch. „Mit uns?"

Er sah sie erwartungsvoll an. Und weil sie so überrumpelt war, dass da wirklich ein Münchner vor ihr stand, der ewig mit einer Mitschülerin geturtelt hatte und ihr vielleicht sogar Informationen aus München geben konnte, nickte sie. Ihr Verehrer riss die Augen auf. Er hatte wohl nicht damit gerechnet, dass sie Ja sagen würde. „Großartig!", sagte er auf Deutsch, winkte Sebastian hektisch herbei und fügte dann auf Französisch hinzu: „Ich bin Leopold!"

Linda lächelte nur sanft und nickte ihm zu. Er bot ihr den Arm an, und zu dritt gingen sie in ein nahegelegenes Restaurant, wo Leopold für sie alle Wein bestellte. Beide Männer tranken ausgesprochen viel, während Linda sich dezent zurückhielt. Die Konversation beschränkte sich auf einige wenige französische Phrasen, ansonsten machten die Männer nur anzügliche Witze auf Deutsch. Je später es wurde, desto dreckiger wurden die Zoten, und Linda musste sich zusammennehmen, um nicht einfach aufzustehen und zu gehen. Aber dann kam der Moment, auf den sie gewartet hatte. Leopold entschuldigte sich und verschwand in Richtung Badezimmer, und Sebastian und Linda saßen allein am Tisch. Das Lokal war sehr voll und sehr laut. Niemand würde es bemerken, wenn sie Deutsch sprachen. Sebastian wollte gerade erneut nach der Weinflasche greifen, um sich nachzuschenken, als Linda leise und hektisch fragte: „Kommen Sie aus München?"

„Ja klar", antwortete er. „Wir sind stolze Bay..." Er stutzte und sah sie entgeistert an. „Sie sprechen Deutsch?", sagte er sehr laut. Sie gebot ihm mit einem scharfen Blick, die Stimme zu senken. Er verstand sofort und neigte sich näher zu ihr über den Tisch. „Sie sprechen Deutsch?", wiederholte er, und nun flüsterte er fast.

Linda nickte. „Ja. Ich bin Münchnerin. Und ich kenne Sie."

Sebastian hob verwundert eine Augenbraue. „Tut mir leid, aber ich glaube, ich würde mich an Sie erinnern."

„Nein, würden Sie nicht." Linda sprach schnell; sie wollte ihre Chance nicht verpassen.

„Ich war auf dem Max-Josef-Stift in München. Ich habe gesehen, wie Sie immer auf ein Mädchen aus meiner Schule gewartet haben. Jeden Tag waren Sie da. Sie können sich gar nicht an mich erinnern, weil ich damals erst zwölf war und wie alle anderen eine schwarze Schuluniform trug. Aber wir kannten Sie alle. Das Mädchen, auf das sie gewartet haben, war groß, schlank und hatte lange braune Haare. Sie war eine sehr gute Freundin von Erika. Und Sie, Sie standen jeden Tag an unserem Brunnen."

Linda merkte, dass er ihr glaubte. Er war in seinen Sitz zurückgesunken und nestelte an seiner Brusttasche. „Ja, das war ich", raunte er. „Sie ist jetzt meine Frau." Er zeigte ihr ein Hochzeitsfoto, auf dem Linda zweifelsfrei das hübsche Mädchen aus ihrer Schule erkennen konnte. Bei dem Anblick musste sie lächeln. Schön, dass es in so schweren Zeiten noch Romantik gab.

„Aber was machen Sie hier?", fragte Sebastian und sein Blick verfinsterte sich. Er schien die Antwort schon zu ahnen.

„Ich...", begann Linda. „Also ich ... ich bin Jüdin." Sie sagte es so leise, dass es Sebastian fast von ihren Lippen ablesen musste. Doch kaum hatte sie die Worte ausgesprochen, bereute sie sie schon wieder. Was hatte sie sich nur dabei gedacht? Das war ein Soldat der Deutschen Wehrmacht. Er konnte sofort dafür sorgen, dass sie gefangen genommen und bis zum Ende ihrer Tage eingesperrt würde. Als ihr das klar wurde, stieg Panik in ihr auf. Sie hatte nicht nur sich, sondern auch ihre Familie verraten und ihr Schicksal in die Hände eines ihr völlig Fremden gelegt, der vermutlich der Feind war. Als Soldat konnte er dafür sorgen, dass dies ihr letzter

Abend war. Aber er reagierte ganz anders, als Linda es erwartet hatte. Er nahm ihre Hand und blickte ihr fest in die Augen. „Sie müssen hier raus", sagte er ernst. „Sie müssen versuchen, Frankreich zu verlassen."

Linda erwiderte seinen Blick. „Ich weiß, dass es hier gefährlich ist, aber ich weiß nicht, wie ich das Land verlassen soll, ohne sofort verschleppt zu werden." Ihre Stimme zitterte und sie fühlte sich, als müsste sie anfangen zu weinen. Er nickte verständnisvoll.

„Ich werde Ihnen helfen. Wir finden schon eine Lösung. Geben Sie mir bitte Ihre Adresse hier in Paris. Ich werde sehen, was ich für Sie tun kann."

Auf einen Zettel kritzelte sie fahrig ihren Namen und ihre Adresse. Gerade als Sebastian den Zettel eingesteckt hatte, kam Leopold zurück an ihren Tisch, und er und Sebastian scherzten ausgelassen weiter. Linda konnte nicht fassen, wie gut Sebastian schauspielerte. Er tat immer noch so, als wüsste er nicht, dass sie alles verstand. Er stachelte seinen Freund weiter an, sich die hübsche Französin zu schnappen, und trank ausgelassen weiter. Als es schon sehr spät war und Leopold zu betrunken war, um noch alle seine Sinne beisammen zu haben, stand Linda einfach auf und verließ mit einem kurzen Gruß das Lokal. Sebastian würde ihr helfen. Hoffentlich.

Aurora runzelte die Stirn. Viermal hatte sie die Nachricht schon gelesen. Sie hatte sich so sehr darauf gefreut, von Sebastian zu hören, und den Postboten beinahe umarmt, als er ihr endlich den langersehnten Brief überreichte. Sie hatte ihn so stürmisch geöffnet, dass dabei der ganze Umschlag zerriss. Und nun saß sie da mit einem so nichtssagenden Schrieb von Sebastian, der zudem auch überhaupt keinen Sinn ergab. Er hatte sich beim Schreiben offensichtlich beeilt. Seine Schrift war fahrig, die Endsilben waren häufig nur Striche, und sie musste sich selber zusammenreimen, was dort stand.

Liebste Aurora,

großartige Neuigkeiten. Ich habe gehört, dass deine Schwester ihren Dienst für die Wehrmacht erfolgreich abgelegt hat und nun endlich nach Hause kommen kann. Du wirst dich sicherlich freuen zu hören, dass ich sie überreden konnte, die nächste Zeit bei uns zu wohnen und das schöne München zu genießen! Seit beinahe sieben Jahren habt ihr euch nun nicht gesehen, sodass es dich doch sicherlich ebenfalls freuen wird, sie wieder in die Arme zu schließen. Außerdem kannst du ein bisschen Gesellschaft gebrauchen, während ich hier in Paris meine Pflicht am Vaterland erfülle.

Bald schon werde ich in Erfahrung gebracht haben, wann sie dich besuchen kommt. Ich werde versuchen, dir vorher noch per Post Bescheid zu geben.

In Liebe, Sebastian.

PS: Mir geht es gut!

Aurora hatte gar keine Schwester. Und schon gar nicht eine, die sie seit sieben Jahren nicht mehr gesehen hatte. Was also meinte er damit? Wer sollte bei ihr wohnen? Eine Frau? Eine fremde Frau? Was lag Sebastian denn an einer fremden Frau? Sie spürte, wie Eifersucht in ihr hochstieg. Sie wusste, wie sich Soldaten im Kriegseinsatz verhielten, aber sie hatte geglaubt, Sebastian sei ganz anders. Sie war sicher gewesen, dass er auf sie warten würde, genauso, wie sie es für ihn tat, und sich nicht in jeder Stadt ein beliebiges Flittchen anschaffte. Hatte er möglicherweise diese andere Frau geschwängert und wollte nun, dass Frau und Kind in seinem Zuhause unterkamen? Aber das konnte sie sich wirklich nicht vorstellen. Sie las den Brief erneut. Ihre Mätressen-Theorie scheiterte vor allem an den sieben Jahren. Warum sprach er von sieben Jahren? Was hatte sie vor sieben Jahren gemacht? Sie war damals noch in die Schule gegangen, hatte sich wahrscheinlich gerade auf ihren Abschluss vorbereitet. Wen also hatte sie seither nicht mehr gesehen?

Er schrieb von ihrer Schwester. Die einzigen, die ihr jemals so nahe gestanden hatten wie Schwestern, waren ihre Mitschülerinnen vom Stift gewesen. Natürlich! Plötzlich fiel es ihr wie Schuppen von den Augen. Es musste sich um eine Stiftlerin handeln! Es gab keine andere Erklärung. Aber wen aus dem Stift hatte sie seit sieben Jahren nicht gesehen? Auf diese Frage gab es keine befriedigende Antwort; zu vielen ihrer Klassenkameradinnen oder anderen Mitschülerinnen war sie seit ihrem Abgang von der Schule nicht mehr begegnet. Sie wusste aber noch genau, dass vor sieben Jahren plötzlich über Nacht mehrere Schülerinnen die Stadt verlassen hatten. Bei ihnen allen hatte es sich um Jüdinnen gehandelt.

Aber kam das in Frage? Konnte es sein, dass Sebastian in Frankreich eine ehemalige Stiftsschwester getroffen hatte, die Jüdin war und die nun heimkommen und bei ihr wohnen sollte? Das schien ihr doch arg an den Haaren herbeigezogen. Wie wahrscheinlich war so ein Zusammentreffen? Und wie wahrscheinlich war es, dass sich eine geflohene Jüdin einem wildfremden Soldaten offenbarte und auf Hilfe hoffte?

Die Chancen dafür schienen gleich Null. Aber es war der einzige halbwegs logische Sinn, den Aurora dem Brief entnehmen konnte. Sie würde wohl auf eine weitere Nachricht von Sebastian warten müssen, um Gewissheit zu erlangen. Das machte ihr sehr zu schaffen. Seit fast zwei Monaten war dies der erste Brief gewesen. Und nun enthielt er keine Informationen darüber, wie es Sebastian tatsächlich ging, und auch keine tröstenden Worte für sie, die er sonst so fabelhaft zu wählen wusste.

Linda war ungeheuer erleichtert, als Sebastian sie aufsuchte. Er hatte sie nicht vergessen. Er würde versuchen, ihr zu helfen. Aber sie mussten vorsichtig sein. Noch trug sie keinen Judenstern auf ihrer Kleidung, aber schon in wenigen Tagen konnte es so weit sein.

Sie ging mit Sebastian in einen kleinen Park, nah bei ihrem Zuhause. Während ihres Spaziergangs unterhielten sie sich. Beide versuchten, sich nicht am Gesicht anmerken zu lassen, worüber sie sprachen.

„Ich und Leopold hatten eine Idee, wie wir dir helfen könnten", sagte Sebastian. „Ich habe ihn eingeweiht, als er wieder nüchtern war. Er ist ein guter Kerl."

Sie konnte Leopold nicht wirklich einschätzen, aber sie war sowieso darauf angewiesen, Sebastian zu vertrauen. „Es ist riskant", setzte er an, „aber wir beide glauben, dass es für euch nur eine Möglichkeit gibt, zu entkommen. In die Schweiz kommt schon lange keiner mehr, die weigern sich, Juden aufzunehmen. Und eine Reise in die USA ist so kurzfristig nicht möglich. Der gesamte Osten ist ebenfalls unsicher, vor allem weil man dort sofort merken würde, dass ihr Deutsche seid, und sicherlich sofort den Verdacht hätte, dass ihr geflohene Juden seid."

Linda sank der Mut. So wie es jetzt klang, gab es für sie offensichtlich keine Möglichkeit, Paris zu verlassen.

„Aber", sagte Sebastian beinahe euphorisch,

„uns ist trotzdem etwas eingefallen. Du kennst doch die Geschichte vom trojanischen Krieg und dass Odysseus es geschafft hat, die Trojaner hinters Licht zu führen."

Linda nickte. Natürlich kannte sie die Geschichte, aber was um Himmelswillen hatte das mit ihr zu tun? Außerdem war dies ja eine völlig andere Situation.

Sebastian schien ihr ihre Verwirrung anzusehen. „Was ich damit sagen will: Die Trojaner haben nicht gemerkt, dass Hunderte von griechischen Soldaten in ihrer Stadt waren, weil es so offensichtlich war, dass es einfach keiner glauben konnte. Und genauso wollen wir auch bei dir vorgehen. Wir schmuggeln dich zurück nach Deutschland. Du wirst bei meiner Frau wohnen. Und weil es so riskant und so dreist ist, wird niemand auf die Idee kommen, du wärest ein jüdischer Flüchtling."

Er grinste sie begeistert an. Linda war noch nicht überzeugt. Ganz im Gegenteil, sie konnte mindestens tausend Punkte erkennen, in denen der Plan ziemlich schwach war.

„Also gut. Zu allererst, was ist mit meiner Familie und mit Anneliese? Ich kann ja nicht einfach nur meine eigene Haut retten."

Sebastian runzelte die Stirn. „Also, für Anneliese könnten wir noch was tun. Die könntest du mitnehmen. Aber deiner gesamten Familie können wir wohl nicht helfen."

Linda war niedergeschlagen. Es war ja klar

gewesen, dass er sie nicht alle retten konnte, aber sie hatte es trotzdem inständig gehofft. Sie würde nach Hause gehen und ihren Eltern von dem Plan erzählen. Diese würden dann entscheiden müssen, wie sie weiter vorgingen. Sie konnte eine solche Entscheidung unmöglich allein treffen.

10

Verordnung über die Gestaltung der Hoheitszeichen des Reichs

Zum Artikel 1 der Verordnung über die Hoheitszeichen vom 5. November 1935 bestimme ich:

Das Hoheitszeichen des Reichs zeigt das Hakenkreuz, von einem Eichenkranz umgeben, auf dem Eichenkranz ein Adler mit geöffneten Flügeln. Der Kopf des Adlers ist nach rechts gewendet.
(...)

Aus: Sartorius, Verfassungs- und Verwaltungsrecht, Sammlung von Reichsgesetzen, -verordnungen und -erlassen, 15. Auflage, 1. April 1944, C. H. Beck

Das Gespräch mit Frau Henle war großartig gewesen, und ich konnte es nun kaum erwarten, endlich auch mit Frau Prosel zu sprechen. Längst hatte ich einen Termin bei ihr vereinbart, musste mich aber noch ein bisschen gedulden. Solange ich also an der Front der Zeitzeugen keine neuen Informationen bekommen konnte, wollte ich mich weiter durch die Akten der Schule quälen. Auch wenn man bereits über einen längeren Zeitraum konsequent im Archiv arbeitete, gab es immer noch vieles, was man sich noch nicht angeschaut hatte.

Bis 1938 hatte die Schule ihren Sitz in der Ludwigstraße 18 und war erst dann in die Mühlbauerstraße umgezogen. In der Ludwigstraße sollte das Haus des Deutschen Rechts entstehen, und tatsächlich wird dieses Gebäude bis heute vom juristischen Seminar der LMU genutzt. Aber wohin sollte nun die altehrwürdige Schule? Den Entscheidern war schnell klar, dass sie in jedem Fall erhaltenswert war und gerade deren Schülerinnen im nationalsozialistischen Sinne umerzogen werden sollten, weil sie alle aus einflussreichen deutschen Familien stammten. Also musste ein neues, pompöses Gebäude her. 1937 wurde mit den Bauarbeiten in der Mühlbauerstraße begonnen.

Der Neubau war auch für ideologische Zwecke gedacht; das Max-Josef-Stift sollte „eine Anstalt für Mädchenerziehung im nationalsozialistischen Geiste" werden. Im April 1939 wurde die neue Schule eingeweiht. Hierzu waren auch hochrangige Mitglieder der Partei eingeladen. In einem Zeitungsbericht aus der Münchener Zeitung von 1939 heißt es: „Die vielen Gäste und Ehrengäste, die Vertreter der Partei, die leitenden Beamten der städtischen Behörden, die Mitglieder der Schulgemeinde und die Eltern konnten die Freude der Schülerinnen wohl verstehen, als sie durch die prächtige Vorhalle und durch breite, lichte Gänge in den großen Speisesaal traten, der nun zum ersten Mal seine Aufgabe als Festraum erfüllte: Das Max-Josef-Stift hat das schönste, neuzeitlichste und vollkommenste Schulhaus, das man sich nur denken kann!"

Weiterhin heißt es in dem Artikel, dass die Schülerinnen zur Einweihung Theaterstücke aufführten, mit dem Chor sangen, Klavier spielten und zwei von ihnen einen Prolog vorbereitet hatten, in dem sie deutlich machten, dass im Max-Josef-Stift stets junge Mädchen zu deutschen Frauen erzogen worden seien, wie die Zeit sie brauchte. An diesem „wie die Zeit sie brauchte" war ich sofort hängen geblieben. Dort stand in schönen Worten schwarz auf weiß, dass Frauen sich der Zeit anzupassen hatten, im Klartext: zu Gebärmaschinen werden sollten. Und die Schülerinnen fanden das anscheinend gut.

Auch Staatssekretär Dr. Boepple war bei der Feier anwesend. In seiner Begrüßungsrede sagte Dr. Herting laut den Akten im Archiv, dass dessen Anwesenheit eine Ehre sei und dies als Anerkennung dafür verstanden werde, dass es gelungen sei, die Tradition des alten Stiftes ganz mit dem neuen Geist des Nationalsozialismus zu erfüllen.

Laut Zeitungsartikel gab Staatssekretär Boepple „dem Haus mit den kurzen Worten, die er sprach, die Bestimmung, aus den ihm anvertrauten Mädchen gesunde, geistig und körperlich vollwertige junge deutsche Menschen heranzuziehen, die den großen Aufgaben, die die Zukunft an sie stellen wird, gewachsen sind und die des Reiches Größe aus der Gegenwart in die kommenden Zeiten zu tragen vermögen. Anders als damals, da der König alljährlich selber ins Max-Josef-Stift kam, um die ‚Sanftmutsmedaille' als die höchste und erstrebenswerteste Auszeichnung zu verteilen, sollen im neuen Haus frische Mädel zu offenen, freien und fröhlichen Menschen werden."

Der Artikel ließ mich des Öfteren heftig schlucken. Vollwertige junge deutsche Menschen? Oha. Da hatte aber jemand propagandistisch und rhetorisch aus dem Vollen geschöpft. Jedenfalls wurde klar, dass das Stift immer eine Sonderrolle innehatte. Es entspricht eigentlich nicht der Ideologie des Nationalsozialismus, für Frauen überhaupt eine höhere Schulbildung anzubieten. Diese sollten sich auf Hausfrauen- und Muttertätigkeiten konzentrieren. Aber das Stift hatte zu diesem Zeitpunkt noch ein so hohes Ansehen, dass man offensichtlich auf keinen Fall riskieren wollte, es zu schließen; wahrscheinlich stand dies nicht einmal zur Debatte. Also wurde es eben zur Musterschule für jedes deutsche Mädchen.

Als ich mich weiter durch verstaubte Akten und Kopien aus den letzten siebzig Jahren kämpfte, fiel mir plötzlich ein Buch mit dem folgenden Titel in die Hände: „Architektur in München 1933 - 1945 von Matthias Donath. Ein Stadtführer". Natürlich erwartete ich, dass darin etwas über meine Schule enthalten sein müsste, sonst wäre das Buch ja nicht bei uns im Archiv gelandet. Aber vor allem wollte ich wissen, was genau es war, das meine Schule so anders machte. Und plötzlich war mir alles klar. Die riesige Tür, die Marmorsäulen, die kleinen Blumentöpfe auf den viel zu großen Sockeln, der scheußliche Wandbehang in der Eingangshalle: All das hatte seinen Grund im Bau des Hauses während des Nationalsozialismus. Eigentlich hätte ich es mir denken können. Wenn man die Schule aus diesem Blickwinkel betrachtete, musste einem die typische nationalsozialistische Bauweise sofort auffallen. Aber das hatte ich über Jahre hinweg erfolgreich ignoriert und nie hinterfragt.

Die alten Fotos öffneten mir die Augen. Auf dem Sockel links neben der Tür stand ein Schild, auf dem geschrieben war: „Das Ziel der weiblichen Erziehung hat unverrückbar die kommende Mutterschaft zu sein". Ein für den Nationalsozialismus typischer Spruch, der die Frau tatsächlich nur als Mutter von gesunden, tapferen Soldaten sah. Auf dem rechten Sockel stand ein Reichsadler mit Hakenkreuz. Das Schultor selbst war über und über mit Hakenkreuzen bestückt. Die Säulen in der Halle trugen an der Stelle, wo heute der Marmor fehlt, jeweils einen Adler und ein Hakenkreuz, und der Wandbehang verdeckt ein Bild, das dem nationalsozialistischen Frauenbild nicht besser entsprechen könnte. Es zeigt eine Erwachsene, die offensichtlich nichts großartiger findet, als mit ihren Kindern zu spielen und diese zu guten Deutschen zu erziehen.

Es war so klar. Nun, wo ich es entdeckt hatte, konnte ich nicht mehr wegsehen.

1942
Theresa war inzwischen in die fünfte Klasse des Lyzeums aufgerückt, und noch immer beherbergte das Gregorianum ihre Klasse. Die jüngeren Schülerinnen waren im Zuge der Kinderlandverschickung schon in einem anderen Schulgebäude am Tegernsee untergebracht worden. Dort schienen sie vor dem Krieg sicher zu sein. Wobei München bisher ziemliches Glück gehabt hatte; bis auf einen einzigen feindlichen Fliegerangriff vor zwei Jahren war die Stadt verschont geblieben. So konnten sie ihr Leben einigermaßen normal weiterleben. Aber wirklich nur einigermaßen. Vieles hatte sich geändert. Schon seit drei Jahren war fast kein einziger männlicher Lehrer mehr an der Schule, und es verging kein Tag, an dem nicht eine weitere Schülerin vollständig in Schwarz gekleidet das Schulhaus betrat. Es waren die Väter und Brüder der Mädchen, die in der Ferne den Tod fanden, und besonders erschüttert war Theresa immer darüber, dass es kein Begräbnis geben konnte. Die Mädchen konnten nicht Abschied nehmen, weil man die Leichname ihrer Lieben nicht aus dem Feindesgebiet hatte herausschaffen können.

Allmählich konnte sie diesen vermaledeiten Krieg nicht mehr ausstehen. Zwar wurde immer nur gesagt, dass der größte Feldherr aller Zeiten dafür sorgte, dass das deutsche Volk endlich bekam, was ihm zustünde, und im Grunde gefiel ihr diese Idee auch sehr gut. Aber wenn ständig in ihrem Umfeld Menschen starben, war sie sich nicht mehr so sicher, ob sie als Deutsche überhaupt haben wollte, was ihr zustand.

Auch die Lehrerinnen waren vom Leid des Krieges nicht ausgenommen. Einige von ihnen hatten bereits ihre Ehemänner verloren, und so mancher fiel es offensichtlich schwer, die parteitreue Linie immer einwandfrei beizubehalten. In Theresas Klasse wurde es deshalb inzwischen beinahe als unhöflich empfunden, eine Lehrerin auf die politische Situation anzusprechen und sie so in Verlegenheit zu bringen, sich überhaupt zu äußern. Theresa war einfach nur froh, in die Schule gehen zu können. Hier hatte sie etwas zu tun und musste sich Gedanken über ihre Zukunft machen, aber nicht unbedingt über den Krieg. Sie wusste nicht, was kommen würde. Sie versuchte einfach, nicht daran zu denken.

Aurora verkrampfte die Hände in ihrer Jackentasche und schloss eine Faust um die zwei Briefe von Sebastian. Es hatte ein wenig gedauert, aber nun war sie sicher, dass sie zwei jüdische Flüchtlinge vom Bahnhof abholen und direkt in ihr Haus bringen würde. Gewissheit würde sie jedoch erst bekommen, nachdem sie sie tatsächlich gefunden hatte

In seinem zweiten Brief hatte Sebastian geschrieben, dass ihre „Schwester" noch eine Cousine mitbringen würde. Aurora wusste, dass es gefährlich sein würde, die beiden Frauen bei sich aufzunehmen. Deshalb hatte sie schon vor Wochen angefangen, die Vorratskammer so herzurichten, dass niemand den Raum einsehen konnte, unter keinen Umständen. Das war kniffliger gewesen als zunächst gedacht. Sie musste sehr unauffällig vorgehen, um keinen Verdacht zu erregen. Außerdem wollte sie die Unterkunft für ihre Gäste auch etwas wohnlich gestalten. Die Briefe hatte sie nur mitgenommen, um sich selbst zu beruhigen; sie kannte beide längst auswendig. Sie wusste, dass ihre „Schwester" die Pelzmütze aufhaben würde, die sie ihr zum Geburtstag geschenkt hatte, und dass sie auf der Brust die Brosche ihrer Großmutter tragen würde. Die beiden würden mit dem Zug um 13.45 Uhr am Münchner Hauptbahnhof eintreffen und dann sicherlich sehr hungrig sein von der langen Reise.

Aurora blickte wieder hoch auf die große Uhr des Hauptbahnhofs. Zehn Minuten über der Zeit. Aufgeregt wie Aurora war, kam es ihr vor, als würde sie schon seit Stunden auf ihre Gäste warten. Die Züge gingen seit Kriegsbeginn nicht mehr pünktlich, also hatte sie eigentlich damit gerechnet, warten zu müssen. Aber jetzt machte ihr das doch zu schaffen. Überall um sie herum standen Leute, viele hatten sich offensichtlich schon lange nicht mehr gesehen und fielen sich gegenseitig in die Arme. An jeder Ecke stand ein Grüppchen Soldaten, die rauchten und lachten und darauf warteten, zu ihren Kasernen zurückgebracht zu werden. Aber in ihrer Aufregung nahm Aurora all das gar nicht wahr.

Wieder blickte sie hektisch auf die Uhr. Der Minutenzeiger hatte sich keinen Millimeter bewegt. Sie hatte das gewusst, bevor sie hingesehen hatte, aber sie konnte den Impuls einfach nicht unterdrücken. Hut und Brosche, das waren ihre einzigen Anhaltspunkte. Sie ging davon aus, dass Sebastian den Frauen ein Foto von ihr gezeigt hatte und sie sie wohl erkennen würden. Jedenfalls hoffte sie, dass die beiden gute Schauspielerinnen waren und nichts verraten würde, dass sie sich noch nie zuvor getroffen hatten. Noch einmal der Blick auf die Uhr. Immerhin eine Minute war vergangen. Und dann endlich, nach einer quälenden Ewigkeit, erschienen auf dem Bahnsteig zwei hübsche junge Frauen. Eine von ihnen trug einen auffälligen Pelzhut und eine Brosche auf der Brust. Mit ihrem grauen Mantel und den Winterstiefeln sah sie sehr wohlhabend aus. Die andere war in einen schwarzen Mantel gehüllt und offensichtlich jünger als ihre Begleiterin, allerdings nicht weniger hübsch.

Aurora hatte anscheinend Recht gehabt mit ihrer Vermutung, dass Sebastian ihnen ein Foto gezeigt hatte, denn kaum hatte die Frau mit dem Pelzhut sie gesehen, begann sie schon wild zu winken, lief auf sie zu und fiel ihr in die Arme.

Aurora musste sich zusammenreißen, um nicht zu überrascht zu wirken. Sie nahm die ihr unbekannte Frau überschwänglich in die Arme und sagte: „Gott sei Dank habt ihr es geschafft. Es ist so schön, dass wir uns endlich wiedersehen!" Dann lösten sie sich voneinander und Aurora umarmte die andere Frau ebenfalls sehr herzlich.

Dann gingen sie los und begannen ein fiktives Gespräch über den Gesundheitszustand ihrer erfundenen Großmutter. Aurora fiel auf, dass beide ausgesprochen gute Schauspielerinnen waren. Sie gingen auf sie ein und jeder, der die drei sah, musste annehmen, dass sie sich von jeher kannten.

Nach gut zwanzig Minuten kamen sie in Auroras und Sebastians kleiner Wohnung in Schwabing an. Kaum war die Tür ins Schloss gefallen, endete die Maskerade. Aurora zog die Vorhänge zu, während die Frauen ihre Mäntel und Hüte ablegten, und als Aurora ihnen eine Tasse Tee anbot, erkannte sie zum ersten Mal, wie erschöpft und angeschlagen die beiden aussahen. Unter den Augen hatten sie tiefe Ringe, und Aurora verstand, dass die Reise für sie keineswegs problemlos und leicht verlaufen war.

Sie stellte ihnen zwei Tassen dampfenden Tee hin. „Also", begann sie, „wer seid ihr eigentlich?"

„Ach ja, entschuldige", antwortete die eine, „ich bin Linda und das ist Anneliese. Wir sind beide von Stift und haben in letzter Zeit so oft über dich gesprochen, dass wir ganz vergessen haben, dass du uns ja gar nicht kennst." Sie blickte Aurora entschuldigend in die Augen. „Tut uns leid."

„Das ist kein Problem", sagte Aurora. „Aber ich möchte wissen, wie das alles passiert ist. Wie kommt es, dass ihr beide hier bei mir am Tisch sitzt und Tee trinkt?"

Anneliese holte tief Luft. „Wo sollen wir da anfangen?"

„Am besten am Anfang", sagte Aurora und lächelte.

Und so begannen die beiden abwechselnd zu erzählen. Dass sowohl Lindas als auch Annelieses Familie nach Paris geflüchtet waren, weil sie dort Verwandte hatten. Wie schwer es ihnen gefallen war, in Paris Fuß zu fassen. Dass alle überrascht gewesen waren, wie schnell es der deutschen Wehrmacht gelungen war, Paris einzunehmen, und wie kollaborativ die Franzosen doch waren. Dass sie sich zunehmend davor fürchten mussten, als Juden erkannt und verschleppt zu werden, und dass Linda schließlich Sebastian getroffen und in ihm den Jungen erkannt hatte, der so unsterblich in ein Mädchen aus ihrer Schule verliebt gewesen war. Sie ließen einfach nichts aus.

„Und wie seid ihr aus Paris rausgekommen?", fragte Aurora schließlich.

„Das war ziemlich knifflig", sagte Anneliese. „Wir hatten das zunächst mit unseren Familien besprochen. Es gab keine Chance, dass wir alle gemeinsam fliehen konnten. Das wäre zu sehr aufgefallen. Außerdem haben weder Linda noch ich einen Pass. Wir sind damals aus Deutschland geflohen und haben unsere deutsche Staatsbürgerschaft verloren, und die Franzosen wollten uns keine französische Staatsbürgerschaft zuerkennen. Also standen wir vor einem gewaltigen Problem."

„Sebastian hat uns geholfen", fuhr Linda fort. „Ich hatte ihn darum gebeten, und er hat nicht eine Sekunde gezögert. Er sagte, wir könnten uns bei dir verstecken, bis der Krieg vorbei ist, und hat dir sofort Bescheid gegeben. Beim Schreiben der Briefe mussten wir vorsichtig vorgehen. Viele werden geöffnet und gelesen. Wir durften uns also nicht verraten. Besonders gut war unsere Verschleierungstaktik vielleicht nicht. Der Code war doch ziemlich leicht zu knacken, aber es hat ja alles ganz gut geklappt."

Sie atmete tief durch und war offensichtlich müde. „Auf jeden Fall", fuhr sie nach einer kurzen Pause fort, „standen wir immer noch vor dem Problem mit dem Pass. Wir konnten ja nicht einfach in einen Zug steigen und sagen, wir sind Deutsche und wollen heim. Das wäre schon sehr auffällig gewesen. Also mussten wir uns Pässe organisieren. Deutsche Pässe wohlgemerkt. Sebastian und Leopold sind also los und haben sich unter den deutschen Frauen an der Front, den Krankenschwestern und Telefonistinnen, zwei ausgesucht, die uns besonders ähnlich sahen.

Leopold und Sebastian haben die beiden dann zu einem Abendessen eingeladen, bei dem sie sehr viel tranken, und weil die beiden Frauen gehofft hatten, einen Soldaten für sich zu gewinnen, haben sie sie mit auf ihre Stuben genommen. Bei der Gelegenheit haben Sebastian und Leopold die Pässe entwendet und schnurstracks das Haus verlassen. Ich wundere mich bis heute, wie das überhaupt funktionieren konnte. Aber sieh selbst." Sie zog aus ihrer Manteltasche einen ganz gewöhnlichen deutschen Pass. „Wir werden das Haus wohl nicht verlassen können. Aber wenn uns einer finden sollte, könnten wir wenigstens diese Pässe vorzeigen."

Aurora hatte die ganze Zeit schweigend zugehört. Diese Frauen waren verzweifelt gewesen, und Sebastian hatte ihnen aufopfernd geholfen. Sie war schrecklich stolz auf ihn. Offensichtlich hatte sie sich einen guten Mann ausgesucht, auch wenn die Geschichte mit den beiden Fronthelferinnen sie kurz eifersüchtig gemacht hatte. Als sie ihre Gäste anblickte, sah sie, wie Müdigkeit in ihnen aufstieg. Sie führte sie in die Kammer, die sie für die beiden vorbereitet hatte. Besonders gemütlich war es hier nicht, aber wenigstens hatte Aurora versucht, mit Decken und anderen Gegenständen ein wenig Heimeligkeit zu zaubern. Die beiden waren offensichtlich begeistert, dass sie überhaupt eine Unterkunft hatten, und machten sich bereit für ein kurzes Nickerchen in ihrem neuen Zuhause. Aurora nutzte die Zeit, um Sebastian zu schreiben.

Liebster Sebastian,

Du wirst es nicht glauben, aber meine Schwester ist doch tatsächlich heil hier in München angekommen. Ihr und unserer Cousine geht es gut, und wir genießen unsere gemeinsamen Stunden und können einfach nicht aufhören zu ratschen.

Ich bin besorgt darüber, wie es Dir wohl an der Front geht. Weißt Du schon, wann Du Urlaub bekommen wirst? Ich kann es nicht mehr ohne Dich aushalten.

Bitte schreibe mir so bald wie möglich!

In Liebe,
Aurora

Marita studierte bereits im fünften Semester Politik. Es war nicht halb so aufschlussreich, wie sie sich das gewünscht hatte. Die Professoren standen offensichtlich alle unter dem Einfluss des Nationalsozialismus und waren außerstande, sich selbst eine Meinung zu bilden. Aber trotzdem war sie froh, an der LMU studieren zu können, denn sonst hätte sie nie von der „Weißen Rose" erfahren. Eines der Flugblätter war ihr in die Hände gefallen, und sie freute sich ungemein, dass sie nicht die einzige war, die an dem Regime zweifelte. In dem Flugblatt hieß es unter anderem:

Nichts ist eines Kulturvolkes unwürdiger, als sich ohne Widerstand von einer verantwortungslosen und dunklen Trieben ergebenen Herrscherclique „regieren" zu lassen. Ist es nicht so, daß sich jeder ehrliche Deutsche heute seiner Regierung schämt, und wer von uns ahnt das Ausmaß der Schmach, die über uns und unsere Kinder kommen wird, wenn einst der Schleier von unseren Augen gefallen ist und die grauenvollsten und jegliches Maß unendlich überschreitenden Verbrechen ans Tageslicht treten? Wenn das deutsche Volk schon so in seinem tiefsten Wesen korrumpiert und zerfallen ist, daß es, ohne eine Hand zu regen, im leichtsinnigen Vertrauen auf eine fragwürdige Gesetzmäßigkeit der Geschichte das Höchste, das ein Mensch besitzt und das ihn über jede andere Kreatur erhöht, nämlich den freien Willen, preisgibt, die Freiheit des Menschen preisgibt, selbst mit einzugreifen in das Rad der Geschichte und es seiner vernünftigen Entscheidung unterzuordnen, wenn die Deutschen, so jeder Individualität bar, schon so sehr zur geistlosen und feigen Masse geworden sind, dann, ja dann verdienen sie den Untergang. (...) Wenn jeder wartet, bis der andere anfängt, werden die Boten der rächenden Nemesis unaufhaltsam näher und näher rücken, dann wird auch das letzte Opfer sinnlos in den Rachen des unersättlichen Dämons geworfen sein. Daher muß jeder einzelne seiner Verantwortung als Mitglied der christlichen und abendländischen Kultur bewußt in dieser letzten Stunde sich wehren, soviel er kann, arbeiten wider die Geißel der Menschheit, wider den Faschismus und jedes ihm ähnliche System des absoluten Staates. Leistet passiven Widerstand – Widerstand –, wo immer Ihr auch seid, verhindert das

Weiterlaufen dieser atheistischen Kriegsmaschine, ehe es zu spät ist, ehe die letzten Städte ein Trümmerhaufen sind, gleich Köln, und ehe die letzte Jugend des Volkes irgendwo für die Hybris eines Untermenschen verblutet ist. Vergeßt nicht, daß ein jedes Volk diejenige Regierung verdient, die es erträgt! (...)

Marita hatte es mit Begeisterung gelesen, und inzwischen hatte sie auch einige vertrauenswürdige Kommilitonen gefunden und ihnen das Blatt gezeigt. Sie alle waren sich einig, dass es gut war, diese Botschaft zu vervielfältigen. Also trafen sie sich regelmäßig bei ihrer Freundin Greta in der Wohnung, tippten die Nachricht immer und immer wieder ab und verteilten sie in Schwabing. Dabei mussten sie sehr vorsichtig sein. Niemand durfte sie erwischen, das wäre ihr Ende gewesen. Einmal war es bei Marita schon sehr knapp gewesen. Sie hatte in einem Haus in Schwabing in jeden Briefkasten ein Blatt gelegt, als plötzlich eine Stimme hinter ihr sagte: „Geben Sie's mir gleich mit, ich bin eh auf dem Weg nach oben." Vor Schreck hätte sie fast den ganzen Stapel fallen lassen und war herumgewirbelt, um zu sehen, wer da mit ihr sprach. Vor ihr stand ihre alte Schulfreundin Aurora.

„Aurora!", flüsterte Marita hektisch. „Aurora, das kann ich dir nicht geben. Lass uns schnell zu dir hochgehen, dann sag ich dir, was das ist."

Auroras Augen weiteten sich. „Nein, das geht nicht. Ich kann im Moment keinen Besuch bei mir empfangen!"

„Was? Aber wenn jemand rauskriegt, dass ich etwas damit zu tun habe, dann sitze ich ziemlich in der Patsche. Lass es uns oben schnell besprechen. Bitte!"

Marita sah, wie unwohl sich Aurora fühlte. Was hatte sie zu verbergen?

„Also gut", sagte Aurora schließlich. Sie gingen die Treppe hinauf, und Aurora schloss die Tür zu ihrer kleinen Wohnung auf. Als sie im Flur standen, schloss sie die Tür hinter sich, verriegelte sie und sagte: „Marita, dies hier ist eine äußerst ernste Angelegenheit. Ich vertraue dir, aber wenn auch nur ein Mucks von dem, was hier vor sich geht, nach außen gelangt, werden wir alle dafür sterben müssen. Hast du das verstanden? Alles, was du hier hörst oder siehst, darfst du niemals jemandem weitererzählen!"

Marita nickte, äußerst neugierig, was Aurora so Wichtiges zu verbergen hatte. Dann besann sie sich auf das, was sie eigentlich erzählen wollte, und nahm Aurora ebenfalls das Versprechen ab, das Besprochene niemals nach außen zu tragen.

Die beiden sahen sich fest in die Augen und Marita wusste, dass sie eine Schwester im Geiste gefunden hatte. Auch Aurora war klar, dass sie sich gegenseitig hundertprozentig vertrauen konnten. Dass Marita ganz anders war als ihre Schwester Erika und dass eine Allianz zwischen ihnen beiden in Zukunft wahrscheinlich sehr nützlich sein könnte. Aurora bat Marita in die

Stube und machte für sie beide eine Tasse Tee. Dann las sie das Flugblatt, das Marita verteilt hatte, und ihr stockte der Atem. „Marita, was du da machst, ist furchtbar gefährlich! Wenn dich jemand erwischt, wirst du wahrscheinlich wegen Hochverrats bestraft!"

„Ja, das ist mir klar, aber bisher ist alles ganz glatt gelaufen", entgegnete Marita.

„Glatt gelaufen?", fragte Aurora ungläubig. „Ich bin eben einfach nur in mein Haus gekommen und habe dich dabei erwischt! Ich habe mir nicht mal Mühe gegeben, mich anzuschleichen oder dich auszuspionieren oder Ähnliches. Du hast dich furchtbar leichtsinnig verhalten. Das könnte dich den Kopf kosten!"

„Aber ich will die Botschaft der Weißen Rose verbreiten. Ich finde, es stimmt, was sie sagen!"

„Das ist ja alles schön und gut, aber dann stell dich nicht so ungeschickt an! Ich will dich nicht auf deiner Beerdigung treffen."

Marita wurde wütend. Ihr war schon klar, dass es sehr gefährlich war, was sie da tat, und auch, dass sie sich ziemlich dumm angestellt hatte, aber es war ja alles noch einmal gut gegangen. Aurora sollte sich nicht so anstellen und gleich ein Drama daraus machen.

„Aber du hast Recht", begann Aurora nach einer kurzen Pause. „Die Botschaft ist gut." Sie lächelte Marita an. „Ich will dir das nicht ausreden. Es ist offensichtlich eine Herzensangelegenheit für dich. Aber riskier nicht dein Leben nur wegen ein paar Flugblättern."

Jetzt lächelte auch Marita. Aurora schien wirklich beeindruckt zu sein, sowohl von der Aussage des Flugblatts als auch von Maritas Mut.

„Und was ist nun dein Geheimnis?", fragte Marita.

Auroras Gesicht wurde sehr ernst. „Marita, was ich verstecke, ist wirklich eine große Sache. Du darfst niemals jemandem davon erzählen. Es ist noch etwas größer als deine Flugblätter. Bist du also sicher, dass ich dich mit der Wahrheit belasten soll? Noch kannst du einfach gehen und weißt eben nichts. Überleg es dir gut."

Aber diese Worte weckten bei Marita keineswegs Zweifel, sondern machten sie nur noch neugieriger. „Natürlich hast du mein Wort. Ich werde alles tun, um dein Geheimnis zu schützen."

Aurora nickte grimmig und erhob sich vom Tisch. Sie ging durch das kleine Zimmer auf eine der beiden Türen zu, klopfte sanft, öffnete sie und sagte leise: „Ihr könnt rauskommen. Wir haben Besuch."

Marita konnte sich vor Aufregung kaum auf ihrem Stuhl halten. Aus dem Nebenraum kamen zwei Frauen, und als sie eine der beiden ansah, traf sie fast der Schlag. „Linda!", rief sie laut.

„Sei still!", zischte Aurora sofort. „Wir müssen uns so leise wie möglich unterhalten." Sie flüsterte fast. „Niemand darf uns hören!"

Marita lief vor Scham rot an. Sie hatte nicht

gedacht, dass sie so den Kopf verlieren würde, nur weil sie eine alte Klassenkameradin wiedertraf. Langsam ging sie auf Linda zu, und beide schlossen sich herzlich in die Arme. Auch Anneliese hatte Marita sofort als das Mädchen wiedererkannt, das so sehr geweint hatte, weil sie nicht dem BDM beitreten durfte. Nun war sie eine hübsche junge Frau, die offensichtlich mit beiden Beinen im Leben stand und nicht auf den Kopf gefallen war. Auch sie umarmten sich herzlich.

Nachdem Aurora überprüft hatte, dass alle Vorhänge zugezogen waren, setzten sie sich alle vier an den Tisch, und Linda und Anneliese begannen Marita ihre unglaubliche Geschichte zu erzählen. Marita hörte mit offenem Mund zu. Das hier war viel besser, als nur Flugblätter zu verteilen. Es war tatsächlicher Widerstand.

Damit ihre Eltern keinen Verdacht schöpfen konnten, musste Marita nach gut zwei Stunden die Wohnung verlassen. Bevor sie ging, versprach sie ihren Freundinnen, sie regelmäßig zu besuchen und alles in ihrer Macht Stehende zu tun, um ihnen das Leben zu erleichtern. Als sie auf dem Weg nach Hause war, stieg sich ein Gefühl der Euphorie in ihr auf. Das war der Widerstand. Und sie war mittendrin.

11

Gesetz gegen die Neubildung von Parteien

§ 1. In Deutschland besteht als einzige politische Partei die Nationalsozialistische Deutsche Arbeiterpartei.

§ 2. Wer es unternimmt, den organisatorischen Zusammenhalt einer anderen politischen Partei aufrecht zu erhalten oder eine neue politische Partei zu bilden, wird, sofern nicht die Tat nach anderen Vorschriften mit einer höheren Strafe bedroht ist, mit Zuchthaus bis zu drei Jahren oder mit Gefängnis von sechs Monaten bis zu drei Jahren bestraft.

Aus: Sartorius, Verfassungs- und Verwaltungsrecht, Sammlung von Reichsgesetzen, -verordnungen und -erlassen, 15. Auflage, 1. April 1944, C. H. Beck

Endlich war es so weit. Heute würde ich Resi treffen. Es war ein warmer, sonniger Frühlingstag. Resi Prosel lebte in einem Bauernhaus. Ein kurzer Weg schlängelte sich vom Gartentor zur Eingangstür. Das Erdgeschoss war gemauert und weiß gestrichen, der zweite Stock und der Dachstuhl waren aus dunkelbraunem Holz. Die quadratischen Fenster hatten zwei Flügel und eine gelbe Umrahmung, und jedes war mit grünen

Fensterläden bestückt. Als ich klingelte, kam mir ein kleiner Hund entgegen. Er war fast so flach wie ein Dackel und hatte ein schwarzes Fell, das an der Schnauze schon weiße Stellen aufwies. Offensichtlich war der Hund schon sehr alt, denn obwohl er kräftig bellte, kam er nur sehr langsam auf mich zu. Eine große Frau, vielleicht Mitte bis Ende vierzig, folgte ihm und öffnete mir das Tor.

„Nur hereinspaziert", sagte sie lächelnd und führte mich ins Haus. Sie hieß Martha, wie ich erfuhr, und war eine alte Freundin von Resi, die sie schon kannte, seit sie ein kleines Kind war. Das Haus hatte sehr niedrige Decken, und beim Eintreten war gleich links eine Tür zu sehen, die zu einem Zimmer führte. Da die Fenster klein waren und wenig Licht durchließen, war es in dem Raum recht dunkel, wie man es von einem typisch bayerischen Bauernhaus kennt.

Mitten im Raum verloren sich ein Rollstuhl und eine Gehhilfe, an der Wandseite stand eine mit Kissen gepolsterte Bank. Darauf saß eine kleine Frau mit blauen Augen, großen Tränensäcken, eckigem Kinn und langen weißgrauen Haaren, die zu einem Pferdeschwanz zusammengebunden waren. Das war Resi.

„Das ist ja die junge Dame vom Stift!" rief sie. Sie hatte eine raspelnde Stimme, der das Alter anzumerken war, und sprach bairischen Dialekt.

„Nehmen Sie bitte Platz", wies sie mich an und deutete auf den Stuhl ihr gegenüber. „Also Sie sind die ..."

„Penelope, ja. Penelope Poetis."

„Und sie möchten etwas über meine Zeit am Stift erfahren?"

Ich war mir nicht sicher, ob sie mir sympathisch war oder nicht. Sie sah nicht sehr gesund aus.

„Sprechen sie bitte laut und deutlich. Ich bin taub und blind und kann nicht mehr richtig laufen. Suchen sie sich was aus."

Sie war keineswegs die Frau, die ich erwartet hatte. Gerechnet hatte ich mit einer herzlichen, liebenswerten Omi, einem Typ wie Frau Henle. Resi aber war ganz anders. Sie hatte ein forsches Wesen und redete offensichtlich nicht gern um den heißen Brei herum. Ihre direkte Art war für den Fortgang des Interviews sehr nützlich, aber zu Beginn irritierte sie mich doch etwas.

„Ich kann ihnen natürlich etwas über die Zeit am Stift von 1936 bis 1943 erzählen, aber für die ersten und die letzten Jahre müssen sie sich schon jemand anderen suchen. Wie sind Sie eigentlich auf mich gekommen? Immer bin ich die Depperte. Ich bin immer die, die allen ihre Lebensgeschichte erzählen muss."

Ich war sowieso schon sehr aufgeregt, aber Resis Art verunsicherte mich noch mehr. Ich wusste nicht, wie ich anfangen sollte, um auf den Punkt zu kommen.

„Nun ja, also das war so. Ich bin auf Sie gekommen, weil..."

„Jetzt nehmen Sie sich erst mal ein Stück Kuchen. Was möchten Sie? Bienenstich oder Erdbeerkuchen?"

Ich fühlte mich ein wenig überfahren. „Ähm ... einen Erdbeerkuchen."

Sie schob mir den Teller mit dem Kuchen zu, und ich legte ein Stück auf meinen Teller.

„Nehmen Sie sich bitte auch Kaffee."

Ich verzichtete dankend. „Also ...", begann ich wieder, aber sie unterbrach mich: „Wir sind alle dort in die Schule gekommen, weil damals war es noch Lyzeum. Eine sechsklassige Schule. Mehr war nicht. Höhere Töchterschule, und wir sind deshalb dort hineingekommen, weil wir um die Ecke gewohnt haben. Wir waren die Externen. Gewohnt haben wir in der Franz-Josef-Straße, mein Vater hatte sein Lokal in der Türkenstraße, also wir waren reine Schwabinger und sind halt dort in die Schule gekommen. Ohne zu überlegen, ob das jetzt eine Nazi-Schule war oder keine Nazi-Schule oder sonst was. So wie der eine in die Hohenzollernschule geht ..."

Sie unterbrach sich, um einen Schluck von ihrem Kaffee zu nehmen und ihren Hund zurechtzuweisen, der die ganze Zeit verstört im Zimmer auf und ab lief.

„Mein Vater hat uns halt dort hineingegeben. Und der Direktor, der lief halt öfter in Uniform rum und in Stiefeln und die Frau Direktor war eine etwas dickliche, und dann hatten die noch eine rothaarige Tochter, das weiß ich noch, und später kam noch ein Sohn dazu." Sie atmete tief durch und setzte dann von neuem an: „Wir fingen damals mit Französisch an, in der ersten Klasse. Da war eine Frau Wellendorfer, die hat Französisch unterrichtet. Wie sich später nach dem Krieg rausgestellt hatte, war das eine Klosterschwester, die in Zivil gehen durfte. Die war dann in der zweiten Klasse meine Klassleiterin, die hab ich nicht leiden können, aber das nur nebenbei, und die war einmal in der Übergangszeit, also nach 1945 muss die Direktorin vom Max-Josef-Stift gewesen sein."

Ich erinnerte mich, dass das Max-Josef-Stift zu dieser Zeit noch in der Ludwigstraße untergebracht war. Während der ganzen Zeit sagte ich nicht besonders viel. An den Stellen, wo es mir passend vorkam, ließ ich ein „Ja" oder „Mhm" von mir hören und nickte ab und zu verständnisvoll. Resi redete einfach, ich brauchte ihr keine Fragen zu stellen – was ich sehr angenehm fand, denn ich hatte schon befürchtet, dass ich ihr jede Information einzeln aus der Nase ziehen müsste.

„Ich bin gebürtige Österreicherin. Ich bin in Wien geboren und mit elf Tagen von da dann weg. Bin aufgewachsen in Südtirol, in Brixen. Und als ich acht Jahre alt war, sind wir nach Deutschland gekommen. Genau am 1. Januar 33, Silvester, und am 30. Januar 33 war die Machtergreifung. Da bin ich genau in diese Zeit wieder reingerutscht. Nun hatten wir in Brixen das Vergnügen, den Mussolini schon zu haben. Kein Wort durfte Deutsch geredet werden. Aber heute kann ich fast nichts mehr. Mein Italienisch ist ein Kinder-Italienisch. Schimpfen kann ich wunderbar."

Sie lachte ein fast unangenehmes Lachen mit ihrer krächzenden Stimme. Das Reden strengte sie offensichtlich an. Sie machte eine kleine Pause und schien zu überlegen, was sie sagen sollte. Dann fuhr sie fort: „Ich mein', man wird ja in was hineingeboren, du kannst ja nicht sagen, du magst es, du magst es nicht, du lebst es als Selbstverständlichkeit und wächst dann mit der ganzen Geschichte auf. Ich kam ja zuerst hier in die Volksschule. Mich habens' ja Gott sei Dank ein halbes Jahr zurückgesetzt. Meine arme Schwester Dolly, weil die so gut war in der Schule, haben sie eine Stufe höher gesetzt. Weil in Italien fing die Schule im Herbst an und hier fing sie Ostern an, deshalb ging das nicht zusammen und wir sind im Januar gekommen. Mich haben sie noch einmal in die zweite Klasse geschickt, und dann kam ich in die dritte, und bei meiner Schwester war es so, die war so gut, hat lauter gute Noten gehabt; das halbe Jahr, das ihr gefehlt hat, habens' hupfen lassen. Aus war's. Weil die musste ja Latein ins Italienische übersetzten und umgekehrt, aber nie ins Deutsche. Die hat sich furchtbar hart getan."

Sie schien zu bemerken, dass sie ein wenig vom Thema abkam, und sagte: „Ich meine, Ihnen würd's ja genauso gehen. Sie sind das Kind Ihrer Eltern und werden in eine Zeit hineingeboren, ohne dass Sie jemand fragt ob Sie da hineingeboren werden wollen, und man nimmt es, wie es ist, oder nicht? Ich hab mir nichts vorzuwerfen. Ich nicht. Weil ich war keine Widerständlerin, das war ich nicht, aber ich hatte eher ein gesundes ‚Tafke' gehabt."

Bei dem Wort „Tafke" musste ich stutzen. Das hatte ich noch nie gehört, und gerade als ich fragen wollte, was es genau bedeutete, fuhr Resi auch schon fort. „Das war so: Ich war natürlich wie die anderen Mädchen auch im BDM, Bund Deutscher Mädchen, schon allein deshalb, weil wir jeden dritten Samstag frei gehabt haben. Danach ist es ja gegangen, musst ja blödsinnig sein. Gleich Ecke Leopoldstraße, da war unser Vereinsheim, war schön, ham' wir auch eine Gaudi gehabt, ja, ganz lustig war's, und dann auf einmal hat's geheißen, wir dürfen nicht mehr, weil wir sind ja Österreicher. Da habens' mich rausgeschmissen. Also war ich draußen und dann hab' mir gedacht: so.

Dann kam der Anschluss von Österreich und die Schule ging Ostern wieder an. Wir waren da alle in unserem riesig großen Garten, und da waren immer die ganzen Appelle. Vor jedem Schulanfang wurde die Fahne gehisst, wurde das Deutschlandlied gesungen, wurde das Horst-Wessel-Lied gesungen und ein gutes Schuljahr gewünscht. Wir waren insgesamt sieben Österreicherinnen an der Schule, wurden vom Direktor herausgerufen und der hat uns persönlich beglückwünscht, dass wir jetzt Deutsche sind, und das war's dann. Dann hätte ich wieder in den BDM rein können, aber da hab ich gesagt, jetzt mag ich nimmer. Ihr habts mich zuerst nicht wollen, dann braucht ihr mich jetzt auch nimmer. Ich kann furchtbar stur sein." Sie lachte kurz auf. „Und ich bin nimmer reingegangen. Aber nicht aus Überzeugung, dass mir dieses nicht gepasst hätte, das oder jenes nicht, sondern ich bin hineingegangen, weil es mir gut getan hat, alle drei Wochen nicht in die Schule zu müssen. Und ich bin nicht mehr hineingegangen, weil ich mich geärgert hab', dass sie mich rausgeschmissen haben, und dann war ich stur. Sehr einfach. Also ich hab keine anderen Gründe gehabt. Wenn einer dann sagt, er ist nicht mehr hineingegangen, weil er schon gewusst hat, was einmal unter dem Namen der Nazis alles passieren würde, dann stimmt das nicht. Ich hab das wirklich nur aus ‚Tafke' nicht gemacht.

Am schönsten war es immer im Winter. Die Schüler mussten ausrücken, dafür brauchte man aber nicht beim BDM sein, da gab's immer so ein Zeichen vom Winterhilfswerk, dann ist man zu zweit losgegangen, hat man so ein Schachterl gehabt. Ja, da hat man sich drum gerissen, das zu machen, war ja lustig. Konnte man zu zweit in die Stadt laufen und ratschen. Ich hatte eine Freundin, deren Großmutter hatte eine Wirtschaft in der Sendlinger Straße, und da sind wir immer hingegangen und haben abkassiert. Und dann haben wir immer Weißwürscht oder andere

Würschtel gekriegt und es war ja da schon Krieg. War schön.

Unser Direktor hieß Dr. Herting. Die haben ein neues Haus gekriegt, das, wo ihr jetzt drin seid, das war ja neu. Das war im Jahre 1938. Nein 1939, Verzeihung. Im Februar 1939 war der Umzug und wir mussten aus dem alten Haus in der Ludwigstraße raus, in die Mühlbauerstraße. Und ich hab das dick gehabt. Jetzt musst' ich mit dem Radel da rauffahren, jeden Tag. Also, ich mochte das Haus vom ersten Tag an nicht und dann waren lauter neue Lehrer da, die hatten auch alle einen Adler und ich habe ein Direktoratsarrest gekriegt. Mit vier anderen. Weil so schräg sind da die Sitten gewesen."

Ich stutzte. „Wie ist denn das passiert?", fragte ich neugierig.

„Es war ein Schulausflug angesagt, für die ganze Schule. Jede Klasse für sich. Und der Dr. Nikol, des war unser Klassleiter und unsere Turnlehrerin, diese zwei und wir sind irgendwo ins Gebirge gefahren. Und wir sind dann gestiefelt und sind immer so grüppchenweise gegangen und auf einmal, da waren die nimmer hinter uns. Dann haben wir eine Zeit lang gewartet. Keiner ist gekommen. Keiner, keiner, keiner ist mehr gekommen. Da hatten wir uns verlaufen. Aber wir wussten ja, um so und so viel Uhr ging der Zug unten am Tegernsee, wir gehen jetzt da runter und sind pünktlich am Zug. Eigentlich logisch. Oder? Jede hatte so eine Schaufel dabei, wir sollten für einen Steingarten, der neu angelegt wurde, gegebenenfalls etwas ausgraben, dürftest du allerdings heute auch nicht mehr, aber damals durfte man das noch. Und als wir dann runtergegangen sind, da war noch so eine kleine Alm, da haben wir Wasser getrunken, weil wir Durst gehabt haben, und sind runter und waren schon unten, bevor die anderen gekommen sind. Der Nikol ist total ausgerastet. Er sagte, wir seien fahnenflüchtig, weil damals wurde ja immer mit so Ausdrücken um sich geworfen, keiner durfte mit uns reden, wir mussten in ein anderes Abteil hinein.

Am nächsten Tag hatten wir wieder Mathematik beim Nikol, und mitten in der Stunde hat es geklopft und der Direktor kam herein. Wir sind gleich aufgestanden. Wir haben schon gewusst, was uns blüht. Der hat uns angeschrien: ‚Die Fahnenflüchtigen werden schon sehen, was mit ihnen passiert!' Und solche Sachen. Und dann hat er für uns eine Art Gerichtsverhandlung im Lehrerzimmer anberaumt. Und hat eine nach der anderen reingenommen, und die Letzte war natürlich wieder ich. Ich war's immer. Also es hat nur das Kruzifix gefehlt, aber es gab ja keine da drinnen. Grad dass du nicht einen Eid hast schwören müssen. Und da haben die mir Sachen vorgeworfen. Und bei mir war's so, wenn ich aufgeregt war, dann hab' ich immer einen leichten Dialekt gehabt. Hörst du ja jetzt auch. Und dann saßen da alle Lehrer und ganz unten, da saß die Krönleitner, die Handarbeitslehrerin. Die war die einzige, die so zu mir gemacht hat."

Sie hielt die geschlossene Faust, in die sie den Daumen gesteckt hatte, in die Höhe. „Sie hielt mir die Daumen. Der Direktor war natürlich da und der Herr Schenk, genannt der Dackel, weil er so kurze Füß' gehabt hat, und die haben die Verhandlung geführt. Und dann habens' gesagt, weil ich hatte diese Schaufel verloren, dass ich das Schäuflein weggeschmissen hätte, weil wir uns mit Buben getroffen hätten und ich mich geniert hätte."

Ich überlegte kurz. Dass Mädchen sich mit Jungs verabreden, ist heutzutage ja völlig normal, aber zu jener Zeit war die Erziehung vollkommen anders und es war geradezu verpönt, einen Freund zu haben, selbst wenn man nur Händchen hielt.

„Wie alt waren Sie damals?"

„Fünfzehn. Lächerlich. Selbst wenn wir uns mit Burschen getroffen hätten, ich hab' ja einen Rucksack gehabt, ich hätt' die Schaufel ja nur da reintun brauchen. Und als ich dann so in meinen Dialekt zurückgefallen bin, da habens' gesagt: ‚Wir sind hier nicht in einer Kneipe!' Und dann war's aus. Mein Vater hatte ja die Kneipe, den Simpl, und dann bin ich aufgestanden und hab gesagt: ‚Ich lass meinen Vater hier nicht beleidigen!' Ich hatte mich tierisch aufgeregt und war richtig wütend. Und dann wollte ich eigentlich aus der Schule weg. Ich wollte nach Wien auf die

Schule. Hab aber festgestellt in den Ferien, dass die viel weiter waren wie wir Bayern, ich hab nämlich eine gleichaltrige Cousine in Wien gehabt und mit der hab ich verglichen. Und kurz darauf ist mein Vater in die Schule rein und hat den Direktor aus dem Unterricht geklopft und mit ihm gesprochen und hat gesagt: ‚Sie, passens' auf. Die Resi hat sich nicht mit Burschen getroffen und schon gar nicht vor Scham das Schäuflein weggeworfen. Wenn sie glauben, dass sich mein Reserl geniert, dann muss ich Ihnen sagen, das stimmt nicht. Die könnt ich mit dem Staubsauger übern Marienplatz schicken, die ist sich für nichts zu schade.' Und dann haben wir alle Direktoratsarrest gekriegt, und das wurde in jedes Zeugnis immer wieder hineingeschrieben. Aber das war mir dann wurscht."

1943
Sie wartete auf einen Brief von ihm. Sebastian war seit sechs Wochen wieder an der Front. Er hatte die Weihnachtsfeiertage nicht mit ihr verbringen können, aber wenigstens hatten sie ein paar schöne Wochen miteinander gehabt. Er hatte sich blendend mit Linda und Anneliese unterhalten und war offensichtlich froh gewesen, dass alles einwandfrei gelaufen war.

Nach seinem Urlaub hatte man ihn an die Ostfront versetzt. Aurora machte sich furchtbare Sorgen. Gerade aus dem Osten hörte man besonders viele schlechte Nachrichten. Deshalb wartete sie jeden Tag auf einen Brief von ihm. Er musste bald ankommen. Sebastian schrieb immer im gleichen Rhythmus. Sie ging ins Krankenhaus, um zu arbeiten, konnte sich aber den ganzen Tag über nicht konzentrieren. Sie hatte ein schlechtes Gefühl, aber sie wusste nicht, wieso. Sie konnte sich nicht erklären, warum sie den ganzen Tag so aufgeregt war, warum ihr jedes Geräusch von Stiefeln auf dem Flur verdächtig vorkam und warum sie sich so fahrig bewegte. Die Schicht kam ihr unheimlich lang vor, und auch danach würde sie keine Möglichkeit haben, nach Hause zu gehen. Sie war verpflichtet worden, Sonderschichten in einem der Hilfskrankenhäuser einzulegen, und musste deshalb noch nach Bogenhausen - ironischerweise, um im Haus des Max-Josef-Stifts auszuhelfen, das nun ein Lazarett war.

Der Tag war unfassbar lang und wollte einfach nicht enden. Als Aurora endlich nach Hause kam, öffnete sie sofort ihren Briefkasten, in der Hoffnung, es läge ein Brief für sie darin. Aber nein. Auch heute hatte er nicht geschrieben. Das flaue Gefühl in ihrem Magen verstärkte sich. Irgendetwas stimmte nicht. Sie wusste aber nicht, was.

Auch am nächsten Tag schienen die Stunden unendlich langsam zu vergehen, und als sie endlich an ihren Briefkasten kam, war dort wieder kein Brief von Sebastian zu finden. Es machte ihr entsetzlich zu schaffen, nicht zu wissen, wo er war oder was er tat. Die Nachrichten aus dem Osten wurden immer schlimmer. Bei Stalingrad musste es furchtbar hart geworden sein für die deutschen Truppen. Sie wusste aber nicht, ob Sebastian bei ihnen war. Sie konnte sich nicht erinnern, welcher Kompanie er angehörte, und auch er hatte ihr nicht genau sagen können, wohin er versetzt worden war. Also hoffte sie einfach nur, dass er sich weit, weit weg von Russland und der Roten Armee befand. Vielleicht war er ja nur in Polen. „Es geht ihm gut", sagte sie immer wieder zu sich selbst. „Reg dich nicht auf. Mach dich nicht verrückt. Es geht ihm gut."

Es kam ihr vor, als wären Wochen vergangen, seit sie das erste Mal das Gefühl gehabt hatte, dass etwas nicht stimmte. Aber als sie an diesem Tag nach Hause kam, lag ein Brief in ihrem Briefkasten. Er war nicht von Sebastian, das sah sie sofort. Er war aber von der Front und sah sehr offiziell aus. Sie ging in ihre Wohnung und klopfte wie gewohnt an die Tür von Lindas und Annelieses Zimmer, um ihnen zu bedeuten, dass sie nun herauskommen könnten. Sie nahm den Brief, ging in ihr Zimmer und schloss die Tür hinter sich. Sie wollte ihn in Ruhe lesen.

Linda und Anneliese langweilten sich furchtbar in ihrem Versteck. Den ganzen Tag versuchten sie, sich mit dem Lesen von Büchern die Zeit zu vertreiben, aber das war leichter gesagt als getan.

Nur zu lesen, war eben nicht besonders erfüllend. Das Zimmer erdrückte sie allmählich. Aber sie wollten sich auf keinen Fall beklagen. Aurora nahm so viel auf sich, um sie zu schützen. Sie wussten, dass sie ihr unglaublich viel zu verdanken hatten, und wollten sie auf keinen Fall vor den Kopf stoßen. Als Sebastian auf Fronturlaub gewesen war und sie alle besucht hatte, hatten sie riesigen Spaß gehabt. Er war eben ein unglaublich offener und witziger Typ, der es schaffte, aus jeder Situation noch ein bisschen Spaß herauszuquetschen. Aber seit seiner Abfahrt war Aurora so traurig und deprimiert, dass ihre schlechte Laune sich auch auf Linda und Anneliese übertrug.

Es klopfte sanft an ihrer Zimmertür. Sie konnten ihr Kämmerchen endlich verlassen. Linda freute sich immer sehr, wenn Aurora heimkam. Sie erzählte dann von ihrem Tag und unterhielt die beiden damit ein bisschen. Anneliese und Linda hatten sich schon längst nichts Neues mehr zu erzählen. Sie gingen sich inzwischen auch gegenseitig auf die Nerven.

Als sie vor die Tür traten, stellte Linda überrascht fest, dass Aurora nicht wie üblich in der Wohnstube oder Küche war, sondern sich in ihr Zimmer verkrochen und die Tür hinter sich geschlossen hatte. Das war offensichtlich ein Zeichen, dass sie allein sein wollte. Linda runzelte die Stirn über dieses Verhalten. Warum wollte Aurora nicht mit ihnen sprechen? Sie konnten ja auch nichts dafür, dass Sebastian zurück an die Front musste. Gerade als Linda zu einem ärgerlichen Kommentar über Auroras Benehmen ansetzen wollte, hörte sie ein Geräusch aus deren Zimmer. Es klang, als würde jemand nach Luft schnappen, und dann hörte sie ein Wimmern, das immer lauter wurde. Ohne zu zögern ging Linda in das Zimmer. Auf dem Bett saß Aurora, das Gesicht tränenüberströmt. In ihrer Faust hatte sie ein Stück Papier zusammengeknüllt und drückte es fest an ihre Brust. Anneliese betrat hinter Linda das Zimmer, und beide verstanden sofort.

Sie liefen auf Aurora zu und setzten sich zu ihr aufs Bett. Linda nahm Aurora fest in den Arm. „Er ist tot", sagte diese sehr leise in Lindas Ohr.

Linda streichelte ihren Kopf. „Ich weiß." Ihr Kehlkopf war wie zugeschnürt. Sie spürte, wie die Erkenntnis in ihr hochstieg.

„Er ist tot", wiederholte Aurora nun etwas lauter. „Er ist tot! Er ist tot! Er ist tot!" Nun schrie sie die Worte.

Linda hatte sie längst losgelassen. Aurora war vom Bett aufgestanden und ging fahrig im Zimmer auf und ab. Aus ihren Augen strömten unablässig Tränen. Ihr Gesicht jedoch war wutverzerrt. „Er ist tot!", schrie sie wieder.

Linda stand auf, um Aurora zu beruhigen und in den Arm zu nehmen, aber als sie sie berührte, schrie Aurora: „Lass mich! Fass mich nicht an!"

Sie ging weiter wie besessen durch das Zimmer, immer hin und her. „Er ist tot! Irgendwo im

beschissenen Russland liegt er jetzt und ist tot!"
Ihre Stimme war schrill und überschlug sich
ständig. Es klang so, als wäre Aurora völlig verrückt. „Und warum liegt er da? Weil er ein Held
ist? Pah!" Sie schmiss das zusammengeknüllte
Stück Papier gegen die Wand. Während sie weiter auf und ab lief, ging Linda hinüber, hob es
auf, glättete es und begann zu lesen:

Verehrte Frau Weiler!

Zu meinem aufrichtigen Bedauern muß ich Ihnen heute die traurige Mitteilung machen, daß Ihr Ehemann bei einem Angriff zur Zerschlagung des russischen Ansturmes auf Stalingrad am 2. Januar 43 in tapferer Haltung und soldatischer Pflichterfüllung für Führer und Vaterland gefallen ist.

Mit aufrichtiger Anteilnahme und voller Wertschätzung vor dem Opfer Ihres Mannes, verbleibe ich.

Hochachtungsvoll das Oberkommando der Wehrmacht, Oberfeldwebel
   Fuchs.

Er war also wirklich tot. Linda konnte es nicht
fassen. Aurora tat ihr unfassbar leid, wie sie da
immer noch auf und ab ging, übermannt von
dem Schmerz, den sie offensichtlich noch nicht
begreifen konnte. Linda ging auf Aurora zu und
umarmte sie. Aurora wehrte sich und schrie im-

mer wieder „Lass mich los! Lass mich los!", bis ihre Stimme nicht mehr mitmachte, bis sie irgendwann nur noch ganz leise wimmerte „Lass mich los" und schließlich hemmungslos gegen Lindas Schulter schluchzte. Sie weinte so bitterlich, dass ihr ganzer Körper zuckte. Weil ihre Beine sie offensichtlich nicht mehr tragen wollten, hatte Linda ihre Mühe, sie festzuhalten, sodass sie nicht fiel.

Wie sie da so standen, spürte Linda plötzlich, wie ihr selbst heiße Tränen über die Wangen liefen. Sie sah sich nach Anneliese um, die auf dem Bett saß und ebenfalls weinte. Still und leise saß sie da und starrte auf ihre Hände, offenbar nicht in der Lage, Aurora anzusehen.

Nach einiger Zeit löste sich Aurora von Linda. Das Gesicht vom Weinen verquollen, ging sie langsam auf das Bett zu und legte sich hin, den Rücken zu ihr und Anneliese gedreht. Linda sah es als Zeichen an, sie in Ruhe zu lassen, und ging mit Anneliese in die Küche, um für Aurora eine Tasse Tee zu kochen. Sie konnte es einfach nicht glauben. Sebastian tot? Der starke und tapfere, herzensgute Sebastian? Irgendwie kam ihr das vollkommen unwirklich vor.

Mit der dampfenden Tasse Tee ging sie in Auroras Zimmer. Die lag immer noch so da, wie sie sich hingelegt hatte, und starrte mit leerem Blick auf die Wand. Linda stellte die Tasse auf dem Nachttisch ab, kniete sich so hin, dass sie mit

Aurora auf Augenhöhe war, und sagte: „Was auch immer du brauchst, wir sind für dich da."

Sie erwartete keine Antwort und wollte gerade wieder aufstehen und gehen, als Aurora zu sprechen begann: „Ich bin schwanger."

Diese Leere in ihr. Es schien, als wäre alles verschwunden, was Aurora jemals ausgemacht hatte. Dieses Gefühl des Fallens, als sie den Brief geöffnet und gelesen hatte. Sie fiel. Immer weiter und weiter, und niemand konnte sie auffangen. Ihr Herz verkrampfte sich. Sie spürte förmlich, wie es in ihrer Brust brach. Wie es einfach aufhören wollte zu schlagen, nur um sie von dieser Leere zu befreien. Sie dachte an nichts. Sie konnte nicht denken, spürte nur die Tränen auf ihren Wangen. Heiß und langsam rannen sie herunter und tropften auf ihr Kissen. Gleich würde ihr Herz stillstehen. Sie würde an gebrochenem Herzen sterben.

Sie atmete tief, und plötzlich schlug ihr Herz wieder wie wild. Es tat weh. Jeder Schlag schmerzte. Dann schoss ihr ein Bild von Sebastian durch den Kopf, wie er dort am Brunnen stand und auf sie wartete. Eine eiskalte Hand griff nach ihrem Herzen, umschloss es und schien es zu zerdrücken. Wieder hielt sie den Atem an, wieder wurde Ihr Herz langsamer, bis es fast stillstand. Mit dem nächsten Atemzug begann sie hemmungslos zu weinen. Er war fort. Fort. Er würde nie wieder auf sie warten. Diese Leere.

Kommilitoninnen! Kommilitonen!

Erschüttert steht unser Volk vor dem Untergang der Männer von Stalingrad. Dreihundertdreißigtausend deutsche Männer hat die geniale Strategie des Weltkriegsgefreiten sinn- und verantwortungslos in Tod und Verderben gehetzt. Führer, wir danken dir!

Marita hatte längst von Sebastians Tod gehört. Sie war so erschüttert und wütend gewesen, dass ihr dieses Flugblatt der Weißen Rose aus tiefster Seele sprach. Aurora war seit der Nachricht nicht mehr die alte. Wie ein Schatten ihrer selbst geisterte sie durch die Stadt. Sie versuchte zu arbeiten, aber schon von weitem konnte man sehen, dass es ihr nicht gelang, sich zu konzentrieren. Auch wenn sie alle in ihrer Wohnung beisammensaßen, war sie zwar körperlich anwesend, aber geistig schien sie ganz woanders zu sein. Marita versuchte jetzt, sie so oft wie möglich zu besuchen. Und wenn sie das tat, brachte sie immer etwas zu essen mit. Aurora war viel zu fahrig, um sich um ihren eigenen Haushalt zu kümmern.

Auch heute war sie wieder auf dem Weg zu Aurora. Sie brachte eine Suppe mit. Es war zwar nur eine ziemlich dünne Brühe, da es bei den Lebensmitteln schon seit geraumer Zeit keine große Auswahl mehr gab, aber wenigstens konnte man diese aufwärmen.

Sie kam an einigen zerstörten Häusern vorbei. Seit ein paar Wochen flogen die Briten vermehrt

Luftangriffe auf München. Sonst waren eher Berlin, Hamburg und Köln ihre Ziele gewesen, aber nun mehrten sich die Bombennächte, die sie in Bunkern unter der Stadt verbringen mussten.

Sie stieg über die Trümmerteile eines Nachbarhauses. Es war vollkommen zerstört worden, und seine Bewohner hatten bei Freunden und Verwandten unterkommen müssen.

Unser Volk steht im Aufbruch gegen die Verknechtung Europas durch den Nationalsozialismus, im neuen gläubigen Durchbruch von Freiheit und Ehre.

Diese Worte hatte sie im Flugblatt der Weißen Rose gelesen, und sie wollten ihr einfach nicht mehr aus dem Kopf gehen. Allerdings waren die Mitglieder der Weißen Rose kürzlich erwischt worden, und man hatte sie alle wegen Hochverrats am Vaterland zum Tode verurteilt. Das hatte Marita schockiert, aber sie konnte nichts dagegen tun. Sie hatte die Mitglieder der Vereinigung auch nie persönlich kennen gelernt. Die hatten immer im Verborgenen gearbeitet, aber Marita und ihre Freunde hatten eben versucht, durch die Verbreitung der Flugblätter den Widerstand zu unterstützen. Zuletzt war das aber immer schwieriger geworden.

Erika war von ihrer Arbeit aus Polen zurückgekehrt. Sie sprachen nie darüber, was genau Erika da eigentlich tat, aber sie schien furchtbar stolz auf sich selbst und dem Nationalsozialismus enger verbunden als je zuvor. Ständig gab sie Propagandaparolen zum Durchhalten im Krieg von sich und Marita ging das entsetzlich auf die Nerven. Am meisten störte sie aber, dass Erika immer wieder einfach in ihr Zimmer ging und es durchsuchte. Das Verhältnis zwischen den beiden war noch nie gut gewesen. Aber Erika misstraute Marita so sehr, dass schon jetzt klar war, dass sie in ihrem Leben niemals Freundinnen sein würden. Erika verdächtigte Marita, gegen den Führer zu hetzen. Damit hatte sie nicht ganz unrecht, aber Marita fragte sich, was wohl passieren würde, wenn Erika tatsächlich einmal eines der Flugblätter der Weißen Rose fände. Würde sie ihre eigene Schwester an die Polizei verraten? Würde sie in Kauf nehmen, dass Marita hingerichtet würde? Eigentlich konnte sie das nicht glauben, aber unter den gegebenen Umständen war sie sich dessen nicht mehr ganz sicher.

Die Meldung, dass die Weiße Rose erwischt worden war, hatte sie und ihre Mitstreiter bewogen, nicht weiter die Flugblätter zu verteilen. Stattdessen kümmerte sich Marita nun um Aurora, Anneliese und Linda.

Die Situation war auch für Anneliese und Linda nicht einfach. Sie wollten Aurora trösten und unterstützen. Weil sie aber das Haus nicht verlassen durften, konnten sie nicht allzu viel tun. Auch die vermehrten Bombenangriffe machten den dreien zu schaffen. Niemand durfte wissen, dass

Linda und Anneliese überhaupt existierten, deshalb waren die drei beim ersten Angriff in der Wohnung geblieben. Es war pures Glück gewesen, dass sie überlebt hatten. In unmittelbarer Nähe waren gleich mehrere Bomben eingeschlagen, und viele Häuser und Wohnungen waren zerstört worden und ausgebrannt. Es war eine fruchtbare Nacht gewesen, und ihnen war klar, dass sie das nicht noch einmal durchhalten würden. Also gingen sie immer halb vermummt in den Bunker. Sie trugen Mützen, die sie tief ins Gesicht gezogen hatten und mehrere Schals übereinander. Anfangs hatten einige Leute sie fragend angesehen. Aber in einer Bombennacht hatte jeder seine eigenen Probleme, und niemand machte sich viele Gedanken über die drei. So hatten sie es bisher geschafft, nicht entdeckt zu werden.

Marita hörte Schritte hinter sich. Sie drehte sich um. Hinter ihr ging Erika.

„Was machst du denn hier?", fragte Marita gereizt. Sie waren schon kurz vor Auroras Wohnung, und Marita wollte eigentlich mit den dreien reden. Aber mit Erika an ihrer Seite war es unmöglich, Linda und Anneliese aus ihrem Versteck zu lassen.

„Wohin gehst du?", fragte Erika, statt ihr zu antworten.

„Zu Aurora!" Die Wahrheit erschien ihr am klügsten. Erika und Aurora hatten sich schon vor Jahren zerstritten und Marita glaubte kaum, dass

Erika sie in Auroras Wohnung begleiten würde. Außerdem konnte sie so den Topf mit Brühe besser erklären. Erika hob die Augenbrauen. In ihrem kleinen, feisten Gesicht zeichnete sich etwas Boshaftes ab. „Gut, dann komme ich mit dir."

Vor Schreck hätte Marita fast den Topf fallen lassen, aber sie versuchte, ihr Gesicht zu beherrschen und Erika nicht zu zeigen, dass sie etwas verbarg. „Warum? Du kannst Aurora doch schon seit Ewigkeiten nicht mehr leiden?"

„Ja", sagte Erika und grinste hämisch. „Das stimmt. Aber nun, wo ihr Mann tot ist, wäre es doch nett, wenn zwei alte Freundinnen mal wieder miteinander ratschen würden. Bei mir wird sie ihr Herz ausschütten können. Seit wann seid ihr beide eigentlich befreundet?"

„Anders als du bin ich nett zu meinen Mitmenschen!", fauchte Marita und wurde immer wütender auf ihre Schwester. „Und weil ich Aurora letztens einmal zufällig getroffen habe, hab ich den Kontakt zu ihr gehalten. Das ist doch für dich in Ordnung, oder? Oder zersetze ich allein durch meine Bekanntschaft mit Aurora die Kräfte des Reichs?" Sie sprach mit ironischem Unterton, der auch für ihre unsensible Schwester nicht zu überhören war.

„Egal, was du sagst", erwiderte Erika, „ich komme mit."

„Na gut!", schnaubte Marita und ging, immer zehn Schritte vor Erika, zu Auroras Wohnhaus.

Sie hatte sich schon überlegt, wie sie die drei warnen könnte, dass sie nicht allein war. Marita hatte Aurora erzählt, wie schlecht ihr Verhältnis zu Erika war, und Aurora würde auch sofort verstehen, dass man Erika keineswegs vertrauen konnte.

Sie stieg die Stufen zur Wohnung hoch. Erika keuchte laut hinter ihr. Marita klopfte an die Tür, und als eine schwache Stimme „Wer ist da?" antwortete, sagte sie laut: „Ich bin's, Marita. Und Erika ist auch hier! Sie wollte dich unbedingt besuchen."

„Oh, schön!", antwortete Aurora. „Einen Augenblick bitte."

Sie warteten kurz. Als Aurora die Tür öffnete, sahen sie sofort, dass sie den ganzen Tag geweint haben musste. Gutes Ablenkungsmanöver, dachte Marita. Erika würde sicherlich glauben, dass Aurora noch kurz versucht hatte, sich einigermaßen zurechtzumachen, bevor sie die Tür öffnete.

Aurora rang sich ein Lächeln ab. „Kommt doch rein." Mit einer Handbewegung bat sie die beiden in ihre Wohnstube.

„Ich hab dir Suppe mitgebracht", sagte Marita.

„Oh, vielen Dank. Warte, ich stelle sie gleich in die Küche."

Aurora verließ die Stube kurz. Diesen Moment nutzte Erika, um zu bemerken: „Furchtbare Bude. Hier würde ich niemals leben wollen. Warum heult Aurora eigentlich so rum? Ist sie zu schwach, um den Tod ihres Mannes wie eine richtige deutsche Frau zu ertragen?"

Marita hätte ihr am liebsten eine geklebt. Erika war wirklich so eine Hexe! Aurora kam zurück und sie setzten sich mit drei Tassen Tee an den Esstisch. Ein sehr zähes Gespräch entspann sich, und Marita hoffte inständig, sie könnten bald gehen. Aus dem Raum, in dem Anneliese und Linda lebten, kam kein Mucks, aber Marita beobachtete, dass Erika auffällig oft die Tür fixierte. Wusste sie womöglich etwas? Würde sie sie verraten?

12

Verordnung des Reichspräsidenten zum Schutz von Volk und Staat

Auf Grund des Artikels 48 Abs. 2 der Reichsverfassung wird zur Abwehr kommunistischer staatsgefährdender Gewaltakte folgendes verordnet:

§ 1. Die Artikel 114, 115, 117, 118, 123, 124 und 153 der Verfassung des Deutschen Reichs werden bis auf weiteres außer Kraft gesetzt. Es sind daher Beschränkungen der persönlichen Freiheit, des Rechts der freien Meinungsäußerung, einschließlich der Pressefreiheit, des Vereins- und Versammlungsrechts, Eingriffe in das Brief-, Post-, Telegraphen- und Fernsprechgeheimnis, Anordnungen von Haussuchungen und von Beschlagnahme sowie Beschränkungen des Eigentums auch außerhalb der sonst hierfür bestimmten gesetzlichen Grenzen zulässig.
(...)

Aus: Sartorius, Verfassungs- und Verwaltungsrecht, Sammlung von Reichsgesetzen, -verordnungen und -erlassen, 15. Auflage, 1. April 1944, C. H. Beck

Ich hatte mir noch ein Stück Kuchen genommen. Ich versuchte meinen Blutzucker ein wenig hochzutreiben, um nichts zu verpassen, denn obwohl das Gespräch sehr spannend war, strengte es auch an. Resi dagegen war froh, jemandem ihre Geschichte erzählen zu können.

„Ich und meine Schwester, wir waren dann beide in Wien und haben am 2. September die berühmte Rede von Hitler gehört: ‚Und seit fünf Uhr früh wird zurückgeschossen!‘ Ab da war Krieg, und ab da war Krieg! Da war Krieg von einem Tag auf den anderen. Es gab kein Licht mehr, und mein Vater hat sofort angerufen und gesagt: ‚Kinder, bleibt in Wien, es ist Krieg!‘ Und ich hab sofort gesagt: ‚Nein! Wir kommen!‘ Meine Schwester und ich, wir haben gesagt, wir bleiben nicht in Wien! Nein! Nein! Nein! Und abends ist dann ein Zug gegangen, bis Salzburg. In Salzburg ist alles rausgeschmissen worden, die ganzen Bahnhöfe waren verdunkelt, es sind auf den anderen Gleisen die Züge mit den Soldaten gefahren, es war Krieg, wie man sich Krieg vorstellt.

Wir saßen dann auf unseren Koffern herum und haben versucht, ein bisschen zu schlafen, und dann sind wir irgendwie nach Hause gekommen. Dann war Schulanfang. Aber das Max-Josef-Stift hatte keine Heimat mehr. In Schwabing war's ja nicht mehr, und das neue Haus, wo ihr jetzt auch drin seid, war vom ersten Tag des Krieges an Reserve-Lazarett. Jetzt standen wir armen übriggebliebenen Schülerinnen ohne Haus, ohne Schulgebäude da. Und dann haben wir nach kurzer Zeit Nachricht bekommen, dass wir in das

Gregorianum einziehen sollten, das war ebenfalls in der Ludwigstraße gegenüber von unserem ehemaligen Gebäude. Das war ja eigentlich die Priesterschule. Und die ganzen Priester haben sie nach Freising geschickt, und wir konnten dann dort in das Haus hinein. Ich hab gedacht, ich spinn'. Im neuen Stift war ja jedes Kreuz, alles was mit Religion zu tun hatte, restlos verpönt, und im neuen Stift war ja auch direkt vor der Eingangstür ein großes Schild mit der Aufschrift: ‚Deutsches Mädchen vergiss nie, dass es das höchste Ziel ist, deutsche Mutter zu werden' oder so ähnlich. Und wir kommen ins Gregorianum, ein Weihwasserkessel nach dem anderen, teilweise waren die in den Mauern drin, und überall Kreuze. Da hat keiner mehr versucht, was zu machen, und es konnte auch keiner mehr was machen.

Alle unsere blöden neuen Lehrer, die waren alle eingezogen. Die Männer waren weg. Auch unser Schulleiter. Und wir bekamen dann einen neuen alten Direktor, der war schon mindestens zehn Jahre lang in Pension, den Herrn Bogenstätter, der es wirklich nicht leicht hatte mit uns Weibern, und anstelle der Lehrer kamen halt Frauen. Und der Herr Dr. Herting hat, noch bevor er gegangen ist, beim Appell gesagt: ‚Es brennt an der Grenze!'

Und du darfst nicht vergessen, jeden Tag, den du in die Schule gekommen bist, war wieder eine andere in Schwarz. Sind ja die ganzen Brüder gefallen, die Väter sind gefallen, die Onkel sind gefallen. Meine Freundin, die Felicitas Wörner, die hieß Schwesterlein, weil sie hatte drei ältere Brüder und keiner hat erwartet, dass da noch ein Schwesterlein nachkäme. Am Ende war sie nur noch Schwesterlein, alle drei Brüder weg, gefallen. Es war furchtbar. Das war schlimm.

Ich war ja auch aus Versehen bei der Urteilsverkündung der Geschwister Scholl dabei. Da wollte ich wie gewohnt in der Universität zum Arbeiten gehen, ich hatte einen Aushilfsjob angenommen gehabt und bin da so irgendwie hineingestolpert."

Resi hielt inne, starrte in ihren Kaffee und rührte ihn gedankenverloren um. „Ich bin nach Hause gelaufen, oder besser gesagt, in den Gasthof meines Vaters. Ich warf mich an seinen Hals und ich habe so geweint und immer nur gerufen: ‚Es war so schrecklich! Es war so schrecklich!'"

Sie sah aus dem Fenster. Ihr Blick war abwesend und mir war klar, dass sie gerade diesen Moment durchlebte. Ich wusste auch, dass sie mir nicht mehr von ihren Erlebnissen in der Universität erzählen würde. Man sah ihr an, wie tief die Erschütterung saß. Ich konnte nur Verständnis für sie aufbringen.

Inzwischen war ich seit fast zwei Stunden in Resis Haus. Die Sonne war um das Haus gewandert, sodass sie mir nun direkt ins Gesicht schien und mich blendete. Ich betrachtete Resi eingehender. Sie wirkte müde und ausgelaugt. Ihre knorrigen Hände sahen aus, als hätten sie in ihrem Leben schon sehr viel gearbeitet. Wir saßen eine Zeit lang nur so da. Ich wartete, dass sie wieder anfangen würde zu erzählen, aber sie war offenbar mit ihren Gedanken ganz woanders.

„Was haben sie denn nach ihrer Zeit am Max-Josef-Stift getan?", fragte ich, um das Gespräch wieder in Gang zu bringen.

„Na ja, also 1943 hab ich dann das Abitur gemacht. Und ziemlich bald darauf bin ich zu meiner Mutter nach Wien gezogen. Dort gab es damals noch mehr Ausbildungsstellen und Arbeitsplätze als in München. Also bin ich da hingegangen. Und ich habe in einem Theater in der Statisterie gearbeitet und so ein bisschen was verdient, und so hab ich auch eine höhere Essenskarte bekommen. Und dann ging die Zeit auch relativ schnell herum. Ich hab noch einige Angriffe auf Wien miterlebt. Wien hatte hohe Verluste zu beklagen, und dann war auch schon Mai 1945 und die Zeit des Krieges war vorbei. Also jedenfalls fielen keine Bomben mehr, aber der Krieg war an sich noch nicht vorbei." Sie kratzte sich am Kopf und legte die Stirn in nachdenkliche Falten.

„Dann waren die Russen in Wien. Sie waren am 12. April 1945 quasi vor unserer Haustür und hatten Wien eingenommen. Für uns war der Krieg ab diesem Zeitpunkt vorbei. Sich gegen die Besatzer zu wehren, war sinnlos, und wenn man es tat, war man lebensmüde. Die Russen waren ein schlimmes Volk. Die haben alles kaputt gemacht und uns, also der Bevölkerung, übelst mitgespielt."

Resi atmete tief durch. „Ja. Die Russen. Das waren gefährliche Zeiten. Aber irgendwie haben wir auch das überstanden. Ich bin, nachdem der Krieg vorbei war, eh nur ungefähr fünf Monate in Wien geblieben und dann gleich wieder nach München zurück. Und das war eine Aktion, sag ich dir. Ich hatte nämlich, als ich in einem Park in Wien spazieren war, bei zwei Männern mitgehört, und die redeten davon, dass Theo Prosel mitsamt dem Simpl ausgebombt worden war. Und da hielt mich nichts mehr in Wien. Wie ich heimkommen bin, hab ich das Nötigste zusammengepackt und bin los.

Eine Frau aus der Gegend wollte auch raus aus dem russischen Sektor und nach München, und dann sind wir halt zusammen gegangen. Aber es war ja strikt verboten, den Sektor zu verlassen, und deshalb mussten wir vorsichtig sein. Wir sind dann irgendwann über Nacht auf einem Bauernhof gewesen und der Bauer hat zu uns gesagt: ‚Geht bloß nie in der Nacht. Wenn die Russen euch erwischen, werdet ihr sofort erschossen. Da könnts ihr dann auch nichts machen, weil was ihr zu sagen habts, des is dene wurscht.' Der hat uns dann noch einen von seinen Burschen mitgegeben, und der hat uns dann an den Grenzfluss geführt, und zwar an einen Teil, der nicht bewacht wurde. Zu diesem Zeitpunkt jedenfalls noch nicht. Und da sind wir rübergepaddelt mit so einem Boot, das aussah, als würde es jeden Moment untergehen. Und als wir dann herüben waren, da waren wir im amerikanischen Sektor Wiens, und von da konnte man dann mit dem Zug nach München, weil von Sektor zu Sektor durfte man reisen. Und weil mein Pass ja noch auf München ausgestellt war, bin ich ohne größere Schwierigkeiten durchgekommen.

Und dann war ich auch schon relativ schnell in München und konnte feststellen, dass mein Vater unversehrt war. Allerdings war sein Lokal irreparabel beschädigt worden und dann musste das gesamte Wirtshaus umziehen."

Sie trank den letzten Schluck aus ihrer Kaffeetasse und sah mich an, als wollte sie meine Gedanken lesen. Als ich nichts sagte, sondern einfach nur zurückschaute, sagte sie: „So, und das war eigentlich alles, was ich dir erzählen kann."

Ich merkte, dass Resi nicht weiter erzählen wollte und das war das Ende unseres Gesprächs. Ich erhob mich, schüttelte ihr die Hand und bedankte mich noch einmal herzlich dafür, dass sie mich empfangen und mir so viel Zeit geschenkt hatte. Als ich das Haus verließ, trat ich in die Sonne, die direkt in den Vordergarten schien, und war eigentlich ganz froh, endlich wieder in der Gegenwart zu sein. Der Nachmittag hatte Spaß gemacht und war unglaublich interessant und informativ gewesen. Und trotz ihrer ganz anderen, forschen und direkten Art war mir Resi sehr sympathisch geworden.

Einige Jahre später erhielt ich wieder einen der Stiftsbriefe, die über alles im vergangenen Jahr informierten. Darin stand:

Folgende Ehemalige sind leider verstorben, darunter einige markante und verdiente Mitglieder. Bitte gedenken Sie in Verbundenheit dieser Frauen:
Prosel Resi, verh. Vigny, Abgg. 1943, verstorben am 8.4.2010 in München.

1944
Aurora war Mutter eines gesunden Mädchens geworden. Und wie es offensichtlich immer ist, hatten auch bei ihr die Wehen zum denkbar ungünstigsten Zeitpunkt eingesetzt. Britische Flieger bombardierten München schon seit mehreren Stunden. Sie hatte das Kind im Bunker zur Welt gebracht, mit Unterstützung einer Hebamme, die zufällig im gleichen Bunker war wie sie. Und nach nur fünf Stunden hatte sie zum ersten Mal ihre gesunde und wunderschöne Tochter Evi in Händen gehalten. Sie sah genauso aus wie Sebastian, mit blauen Augen und überraschend dichtem blondem Haar. Bei ihrem Anblick musste Aurora jedes Mal beinahe weinen. Sie liebte dieses kleine Geschöpf so sehr, dass sie es nicht in Worte fassen konnte. Aber der Krieg hatte sie alle fest im Griff. Es verging kein Tag ohne Flieger-

alarm. Doch was Aurora am meisten schockierte, war der blinde Gehorsam, mit dem viele noch immer den Worten des Führers folgten und in den Tod rannten.

Oft standen in der Zeitung Meldungen wie:

In frommer Erinnerung an unseren innigstgeliebten, unvergesslichen Sohn, Bruder, Schwager, Onkel, Neffen und Vetter Grenadier Jakob Klein, gefallen in Süditalien im Alter von 22 Jahren. Sein sehnlichster Wunsch, seine Lieben in der Heimat wiederzusehen, blieb ihm unerfüllt. Ruhe sanft in fremder Erde!

Oder:

Zum Andenken im Gebete an unseren lieben Sohn und Bruder Franz Gschlößl, Soldat in einem Panzerregiment, welcher nach schwerer Verwundung in Italien im blühenden Alter von 18 Jahren den Heldentod erlitten hat und auf dem Heldenfriedhof Sasso Marconi begraben ist.
Ein guter Sohn nahm Abschied vom lieben Elternhaus,
ihn rief die Pflicht zu kämpfen bis zum letzten Lebenshauch.
O guter Sohn und Bruder, dein Abschied fiel uns schwer,
nun sehn wir uns in diesem Leben nimmermehr.

Sie musste dann immer an Sebastian denken, der irgendwo in der Fremde lag. Sie hätte sich ein Begräbnis gewünscht. Einen letzten Abschied. Auch hätte sie gerne ein Grab gehabt, das sie ihrer Tochter hätte zeigen können. Evi würde ihren Vater niemals kennen lernen, und Aurora hatte nicht einmal einen Ort, an dem sie seiner in Ruhe gedenken konnte. Die Kleine gab ihr aber Hoffnung. Für sie hatte es Sinn, weiterzuleben und dafür zu sorgen, diesen Krieg zu überstehen. Jetzt, nach der Entbindung, hatte sie entschieden, ihren Aufgaben als Krankenschwester wieder nachzukommen. Zwar arbeitete sie nicht mehr im Krankenhaus, aber sie pflegte in einem Hilfslazarett die Verwundeten nach Bombennächten. Es hatte viele Tote gegeben, und sie würde die Bilder wohl nie wieder vergessen können.

Das Schlimmste an den Fliegerangriffen war nicht das Ausharren im Bunker, obwohl es gefühlte tausend Grad heiß war und es kaum etwas zu trinken gab. Das Schlimmste war die Angst vor dem Verlassen des Bunkers. Dann ging das Chaos erst richtig los. Man sah, was die Bomben alles zerstört hatten. Man hörte die Schreie der Verwundeten, die um Hilfe flehten und denen man oft nicht mehr helfen konnte. Und man sah die Toten. Verkohlte Überreste von dem, was einst ein Mensch gewesen war. Grauenvoll verzerrte Gesichter, schwarz von der Hitze und nicht mehr als die von Menschen zu erkennen. Es war nicht ungewöhnlich, hier und da mal einen Schuh zu sehen, in dem noch ein Fuß steckte. Jedes Mal, wenn alle im Bunker aufatmeten, dass sie es wieder geschafft hatten, packte sie zugleich diese Angst. Bisher war Auroras Wohnung zum

Glück unversehrt geblieben. Sie, Linda und Anneliese saßen gerade am Tisch, als es klopfte. Marita stand vor der Tür und schlüpfte schnell hinein. Ohne ein Wort oder Zeichen des Grußes begann sie atemlos zu sprechen: „Erika hat uns verraten. Ich habe eben ein Gespräch von ihr mit einem ihrer Spezl mitgehört. Die Polizei wird kommen und deine Wohnung durchsuchen. Erika hatte keine genauen Informationen, daher wissen sie nicht, wonach sie suchen sollen, aber sie werden demnächst kommen. Ihr müsst hier verschwinden."

Die nackte Panik stand Linda und Anneliese ins Gesicht geschrieben. „Wo sollen wir denn hin?", keuchte Anneliese.

„Ich habe euch ein Versteck bei uns im Keller besorgt. Wir müssen jetzt sofort los. Nehmt eure Sachen und kommt. Nehmt aber nur das Wichtigste mit!"

Den letzten Satz hätte Marita sich sparen können. Anneliese und Linda besaßen kaum etwas. Schon gar nichts, was nicht in eine Manteltasche gepasst hätte. Sie nahmen mit, was sie brauchten, hauchten Aurora und Evi einen Kuss auf die Wangen und verließen die Wohnung. An der Tür drehte sich Marita noch einmal zu Aurora um. „Wir haben Glück, dass Erika so bescheuert ist. Hätte sie sich nur ein wenig geschickter angestellt, wären wir verloren gewesen." Sie lachte trocken, winkte noch einmal kurz und verschwand dann.

Nun war sie also wieder völlig allein. Geistesgegenwärtig ging Aurora sofort in die Kammer und beseitigte alle Spuren, die auf Bewohner hindeuten konnten. Die beiden dünnen Matratzen legte sie auf ihr eigenes Bett, und die Anziehsachen stopfte sie in einen Sack. Die würde sie ins Lazarett mitnehmen. Die Leute waren froh über jedes Stück Stoff, das sich zum Anziehen eignete und würden bestimmt keine lästigen Fragen stellen. Anstelle der Kleider räumte sie allen möglichen Hausrat in die Kammer. Töpfe, Pfannen, die Hälfte des Geschirrs und einen Besen. Es war eben eine gewöhnliche Vorratskammer. Keiner würde merken, dass hier fast zwei Jahre lang Jüdinnen gewohnt hatten.

Und dann begann das Warten. Jedes Mal, wenn sie Stiefel auf der Treppe hörte, starrte sie zur Tür und rechnete schon mit einem lauten Klopfen. Aber jedes Mal erstarben die Schritte irgendwo im Treppenhaus. Nachdem sie beinahe drei Tage auf Habachtstellung gewesen war, kamen sie. Sie polterten die Treppe hoch und jemand klopfte unwirsch an die Tür. „Aufmachen! Polizei!", rief eine tiefe und kräftige Männerstimme.

Aurora nahm das Kind auf den Arm und öffnete. „Guten Tag", sagte sie und gab ihrem Gesicht einen verwunderten Ausdruck. „Kann ich Ihnen helfen?"

„Lassen Sie uns sofort in Ihre Wohnung! Wir haben Befehl, sie zu durchsuchen."

Ihr erster Impuls war es, sich zu wehren, den

Männern den Zutritt einfach zu verweigern. Dann besann sie sich und unterdrückte ihren inneren Widerstand. „Natürlich", sagte sie ruhig und trat zur Seite.

Ungestüm rissen die Männer die Türe auf und stürmten die Wohnung. Aurora setzte sich an den Esstisch und hörte zu, wie ihre gesamte Wohnung auseinandergenommen wurde. Die Männer gaben sich offensichtlich keine Mühe, die Räume einigermaßen ordentlich zu hinterlassen. Sie hörte, wie Bücher aus den Regalen genommen, rasch durchgeblättert und dann zur Seite geworfen wurden. Sie hörte auch, wie ihr Kleiderschrank durchwühlt wurde und die Kleider achtlos in einer Ecke landeten. Sie sah, wie jemand sogar die Schublade mit ihrer Unterwäsche durchwühlte. Sie wusste, dass ihr das eigentlich hätte peinlich sein müssen, aber es war ihr egal. Sie hatte hier nichts zu verbergen.

Evi begann zu weinen. Die ganze Zeit hatte sie ruhig in Auroras Arm gelegen, aber der Lärm schien ihr Angst zu machen. Vor nichts machten die Polizisten halt. Sogar der Geschirrschrank wurde ausgeräumt, obwohl schon auf den ersten Blick klar gewesen war, dass hier nichts versteckt sein konnte. Aurora begann Evi beruhigend zu hoppern. Deren Weinen wurde zu einem Quengeln und erstarb dann.

Nach einiger Zeit kam einer der Polizisten auf sie zu. „Ich werde Ihnen jetzt einige Fragen stellen", sagte er in sehr unhöflichem und befehlendem Ton. „Sie werden mit der Wahrheit antworten, sonst wird Sie das teuer zu stehen kommen."

„Natürlich", sagte sie wieder nur. Sie war völlig ruhig. Es gab nichts, worum sie sich sorgen musste.

„Haben Sie jemals Kontakt zu Juden unterhalten?"

„Nun ja", begann sie, „diese Frage ist nicht ganz einfach zu beantworten. Natürlich habe ich vor den Gesetzen, die von unserem Führer erlassen wurden, Kontakt mit Juden gehabt."

Der Polizist blickte sie alarmiert an.

„Aber seitdem der Umgang mit Juden verboten ist, nein, seitdem habe ich keinen Kontakt mehr zu Juden."

Der Gesichtsausdruck des Polizisten entspannte sich etwas. „Sie sind wohl eine ganz Schlaue", sagte er gehässig. „Glauben, dass Sie auf Details so rumreiten müssen. Mit mir aber nicht, meine Liebe."

Er beugte sich vor. „Wo ist denn der Vater von dem Balg?"

„Er ist in Stalingrad gefallen." Sie sagte es, ohne eine Miene zu verziehen.

Als der Polizist das Wort Stalingrad hörte, änderte sich plötzlich sein Gebaren. „In Stalingrad, sagen Sie? Dann war er bestimmt ein tapferer Soldat."

„Ja", antwortete sie trocken. Die ganze Zeit über hielt sie festen Blickkontakt, dem er offensichtlich nicht standhalten konnte. Dann blickte er sie noch einmal misstrauisch an.

„Und Sie? Was haben Sie gemacht, bevor Sie Mutter wurden?"

„Ich war und bin auch jetzt wieder Krankenschwester. Während meiner Ausbildung wurde ich schon einmal von der Polizei befragt. Mir wurde bestätigt, dass ich eine einwandfreie Kraft und dem Nationalsozialismus treu ergeben sei. Sie können die Akte sicherlich in Ihrem Büro nachlesen. Außerdem versorge ich nun Verwundete der Bombenangriffe und kümmere mich in den Bunkern um diejenigen, die an Dehydrierung und Stress leiden."

Ihre Stimme war klar und fest. Nun schien er endgültig davon überzeugt, zu sein die Falsche erwischt zu haben.

„Sie dienen diesem Land wirklich vorbildlich." Er erhob sich und ging zu seinen Männern, die die ganze Zeit über unbeirrt weiter nach Beweisen gegen sie gesucht hatten. Sie hörte, wie er fragte „Was gefunden, Männer?" und wie vom jedem Einzelnen ein „Nein, nichts!" zurückkam.

Der Polizist kam zurück zu ihr an den Tisch. „Entschuldigen Sie bitte die Störung. Wir haben uns wohl getäuscht."

Sie nickte ihm nur zu, sagte aber nichts. Die Wohnung war völlig verwüstet. Es war ein einziges Chaos. Der Polizist blickte sich betreten um, dann sah er ihr lange in die Augen, als wollte er versuchen, ihre Gedanken zu lesen. Sie widerstand seinem Blick und hielt die ganze Zeit über

Evi fest umschlungen in ihren Armen.

„Ihr Mann hat Großes für unser Land getan", sagte der Polizist. „Und auch Ihr Einsatz darf nicht vergessen werden."

„Vielen Dank." Sie neigte den Kopf und schloss kurz die Augen. Für seine Worte war sie alles andere als offen. Sie wollte einfach nicht hören, was er zu sagen hatte. Seinetwegen glich die Wohnung einem Trümmerhaufen. Ihre Privatsphäre war aufs Übelste missachtet worden, zehn fremde Männer wussten jetzt, was für Unterwäsche sie trug, und zu allem Überfluss waren auch noch ihre Freundinnen fort. So wie es aussah, gab es auch keine Möglichkeit, dass sie wieder zu ihr zurückkommen könnten.

Aber ihre Wut richtete sich gar nicht so sehr auf die Polizisten. Genau genommen taten diese ja schlicht und ergreifend nur ihre Arbeit. Nein, viel schlimmer fand sie, dass Erika sie verraten hatte. Erika war die Wurzel allen Übels. Ohne Erika wäre niemals jemand darauf gekommen, ihre Wohnung zu durchsuchen. Sie waren doch einmal Freundinnen gewesen. Konnte das so einfach vorbei sein? Und noch beängstigender war, dass Erika ja nicht nur eine Freundin verraten, sondern auch ihre Schwester in Gefahr gebracht hatte. Ihre Schwester! Ihr eigen Fleisch und Blut. Erika hatte offensichtlich jeden Sinn für die Realität verloren. Sie hätten alle hingerichtet werden können. Wer hätte sich dann um Evi gekümmert? Es war Aurora nun völlig klar. Der wahre Feind waren nicht die Briten, die Russen oder die Amerikaner. Der einzige und wirklich wahre Feind in diesem Krieg waren Leute wie Erika. Und Aurora wusste, dass sie gegen sie kämpfen musste.

Erika war fassungslos. So, wie sich Aurora und Marita in letzter Zeit benommen hatten, war ihr hundertprozentig klar gewesen, dass die beiden etwas verbargen. Bei ihrem Besuch in Auroras ihrer Wohnung hatte sie auffällige Geräusche aus der kleinen Kammer gehört. Außerdem hatte sie beobachtet, dass Aurora die Tür zu ihrem Zimmer grundsätzlich offen ließ; die Tür zur Kammer war dagegen immer verschlossen. Marita hatte dann ihren Verdacht dadurch bestätigt, dass sie häufig nervös die Zimmertür und dann Erika fixierte, als wollte sie herausfinden, ob Erika etwas bemerkt hatte. Sie waren beide so plump. Schnell hatte Erika sich gedacht, dass dort möglicherweise etwas versteckt war, und einem ihrer Spezl, den sie in Polen kennen gelernt hatte, diese Information gesteckt. Wie also hatten die beiden es geschafft, einen ganzen Polizeitrupp hinters Licht zu führen? Sie konnte sich das einfach nicht erklären.

Wenigstens würde es einen Trostpreis für sie geben. Auf einem ihrer Streifzüge durch Maritas Zimmer hatte sie in einem Buch das letzte Flugblatt der weißen Rose gefunden. Es zeigte offensichtliche Gebrauchsspuren und würde reichen, um Marita hinzuhängen. Wenn Erika schon über den üblichen Weg nicht erreichen konnten, dass die beiden ihrer gerechten Strafe zugeführt wurden, dann würde sie Marita eben durch Druck zu einem Geständnis zwingen müssen. Das Flugblatt hatte sie an sich genommen, und nun wartete sie darauf, dass Marita nach Hause kam. Sie würde sie direkt damit konfrontieren und dann erst Aurora von der Sache in Kenntnis setzen. Getrennt würden die beiden sicherlich schneller einknicken als gemeinsam.

Linda und Anneliese kuschelten sich aneinander. Sie waren in einem Keller mitten in Schwabing. Es war kalt und feucht und roch nach Moder. Linda hoffte, dass sie es hier nicht allzu lange aushalten mussten. Marita hatte ihnen Decken besorgt, aber auch diese waren längst feucht und klamm. Zudem war der Keller sehr hellhörig. Immer wenn sie jemanden das Wohnhaus betreten hörten, dachten sie, es sei aus mit ihnen. Aber bisher hatten sie immer irgendwie Glück gehabt, genauso wie die gesamte Zeit davor. Also würden sie hier weiter ausharren müssen. Irgendwann musste dieser Krieg ja vorbei sein.

Marita hatte sofort gemerkt, dass jemand in ihrem Zimmer gewesen war. Sie wusste auch genau, wer es gewesen war und wonach diejenige gesucht hatte. Bei Aurora war alles glatt gelaufen, und nun versuchte Erika, sie wegen irgendetwas anderem dranzukriegen. Marita konnte es nicht fassen. Sie waren doch Schwestern. Wie sehr konnte Erika sie hassen, dass sie sie unbedingt ans Messer liefern wollte? Das konnte doch nicht wahr sein. Aber in welchen Schwierigkeiten steckte sie mit diesem Flugblatt? Galt es schon als Volksverhetzung, wenn man es nur besaß?

Alle Spuren ihrer vorläufigen Unterstützung der Weißen Rose hatte sie längst getilgt. Niemand wäre in der Lage, ihr nachzuweisen, dass sie mit Kommilitonen die Flugblätter teilweise vervielfältigt hatte. Das war einfach ausgeschlossen. Ihre Komplizen würden dichthalten, und es war auch klar, dass Aurora sie niemals verraten würde. Also, was hatte ihre Schwester gegen sie in der Hand? Und brachte sich Erika nicht auch selbst in Gefahr? Immerhin wohnten in ihrem Keller nun zwei Jüdinnen. Die Polizei würde es sicher nicht dabei belassen, die Wohnung zu durchsuchen. Bestimmt würden sie sich auch den Keller vornehmen, und dann hätte Erika ein Problem.

Ein lauter Knall. Es rauschte in Auroras Ohren. Überall um sie herum brannte es. Trotz des tauben Gefühls in den Ohren konnte sie die Schreie von Verletzten hören. Es war unerträglich. Sie taumelte weiter die Straße hinunter. Die Taubheit legte sich und sie hörte das Geräusch von weiteren Fliegern. Weiter hinten detonierten noch mehr Bomben. Sie schienen ihre Ziele alle zu treffen. Überall lagen Trümmer. Aurora schwankte durch einen Krater, in dem vier Tote lagen. Sie sah nur kurz hin, erkannte aber, dass es sich um Jungen handelte, maximal 14 Jahre alt, in Uniformen der HJ. Einer hielt noch seine Pistole fest in der Hand. Alle vier waren tot. Sie sahen nicht aus wie Menschen, eher wie Wachsfiguren. Einer von ihnen hatte sogar einen sehr friedlichen Gesichtsausdruck, fast so, als wäre er erlöst. Dann erst fiel Aurora auf, dass ihm der gesamte Unterleib weggesprengt worden war. Ihr wurde schlecht. Sie wollte sich übergeben, zwang sich aber, weiterzulaufen. In der Ferne hörte sie, wie Tiefflieger auf die Flüchtenden schossen, dieses rhythmische Rattern der Maschinengewehre.

Ausgerechnet heute hatte sie Evi an deren Großeltern abgegeben. Als hätte sie es gewusst. Ihre Wohnung war getroffen worden. Von dem Haus stand nicht mehr ein Stein auf dem anderen. Diesmal hatte sie es nicht mehr in den Bunker geschafft. Der Alarm kam zu spät. Sie waren offensichtlich überrascht worden. Sie wusste nicht, wie es Evi ging. Zuerst hatte sie zu ihr laufen wollen, aber dann war ihr eingefallen, dass ihre Schwiegereltern sicher nicht in der Wohnung anzutreffen waren und sie keinen Anhaltspunkt hatte, wo sie nach ihnen suchen sollte. Die Bunker waren alle hoffnungslos überfüllt, und man konnte ja nicht voraussetzen, dass sie es in einen der Bunker geschafft hatten. Also hatte sich Aurora entschlossen, zum Lazarett zu gehen. Dort würde sie helfen können, vielleicht sogar ihre Angehörigen wiederfinden, die nach dem Angriff sicherlich alle ins Lazarett kommen würden.

Wieder stolperte sie, diesmal über eine tote Frau, aber sie sah lieber nicht genau hin. Überall um sie herum ertönten Schreie. Offensichtlich waren viele verletzt worden. Sie lief an der Universität und an ihrer alten Schule vorbei. Beide waren zerstört. Auch das Siegestor war getroffen worden. Die Quadriga mit den vier Löwen lag zerborsten davor. Sie lief weiter. Auf ihrem Weg fand sie so viele Tote, wie sie zuvor in ganzen ihrem Leben nicht gesehen hatte. Fast die gesamte Stadt war zerstört.

Sie rannte nun. Sie musste zum Lazarett. In Gedanken betete sie, dass es Evi gut ging. „Sie kümmern sich gut um sie", sagte sie immer wieder zu sich selbst. Erneut waren Schüsse zu hören, ein gleichmäßiges, rhythmisches Rattern von Gewehren. Die Schreie schienen lauter zu werden. Über das Getöse hinweg hörte sie noch das Brüllen eines Kommandoführers, der Befehle erteilte. Ihre Beine schienen zu wissen, wo es lang ging. Ohne dass sie den Weg genau beachtete, trugen sie Aurora genau dorthin, wo sie hin wollte.

Als sie das Lazarett betrat, verschlug es ihr den Atem. Es roch nach Blut und verbranntem Fleisch, noch viel extremer als draußen auf der Straße. Und es roch nach Tod. Offensichtlich würden nicht viele der Verwundeten diesen Tag überleben. Sie atmete tief durch, und schnell hatte sie sich an den Geruch gewöhnt und nahm ihn gar nicht mehr wahr. Sie verbannte Evi aus ihren Gedanken. Es gab nichts, was sie für sie tun konnte. Aber hier konnte sie helfen. Sie straffte die Schultern und begab sich in die Schlacht.

Die Erde bebte. Linda und Anneliese drängten sich eng aneinander. Draußen schien die Welt unterzugehen. Sie mussten mehrfach den Impuls unterdrücken, einfach nach draußen zu laufen und zu fliehen. Aber Marita hatte sie mehrfach ermahnt, auf jeden Fall im Keller zu bleiben. So saßen sie nun da. Sie hörten die Bomben und die Schüsse. Sie hörten auch die Schreie. Und sie waren ganz sicher, dass das Nachbarhaus getroffen worden war. Sie hofften, dass sie nicht wie die Kaninchen verbrennen würden, aber sie verließen das Haus nicht. Linda war die ganze Zeit über sehr still, während Anneliese nur noch weinte. Sie würden es schaffen. Sie mussten es schaffen. Es gab gar keine andere Lösung, als hier zu sitzen und zu warten, dass endlich alles vorbei sein würde.

Erika rannte hinter Marita her. Sie hatte das Miststück gerade mit ihrer Straftat konfrontieren wollen, als der Fliegeralarm losging. Überall um sie herum schien es zu brennen. Sie hatte sich genau zurechtgelegt, wie sie es anstellen wollte, Marita Angst zu machen, bis diese endlich gestand. Dann hätte sie Macht über sie gehabt. Es war geradezu Maritas Glück, dass nun die Stadt bombardiert wurde. Erika war wütend darüber, dass sie schon wieder drauf und dran war, ihr zu entkommen. Niemand hatte sich für das Flugblatt interessiert. Erikas Freund bei der Polizei hatte ihr den Reinfall mit Aurora nicht verziehen, und nun wollte er sich nicht weiter mit ihr abgeben.

Marita schien zu wissen, wo sie hinwollte. Sie rannte an der zerstörten Universität vorbei, immer weiter. Erika immer hinter ihr her, immer auf ihren Fersen, in der Hand die Walther, die sie in Polen bekommen hatte. Wenn kein anderer es tat, würde sie eben selbst Marita bestrafen müssen.

Eine erneute Detonation. Erika konnte die Druckwelle spüren, auch wenn sie weit genug weg war, um sie nicht von den Füßen zu reißen. Um sie herum brach das Chaos aus. „Marita!", schrie sie.

Marita drehte sich um und sah, wie Erika keuchte. „Alles in Ordnung bei dir?" Erika sah, dass sie besorgt schien, aber das bewog sie nicht, ihren Plan zu ändern. Erika blieb stehen.

„Was tust du denn?", fragte Marita.

Erika lächelte sie an. Das Blut rauschte in ihren Ohren. Sie hatte es schon vorher einmal getan. In Polen. Da hatte sie auch dieses Miststück erschossen, das glaubte, sie auf den Arm nehmen zu können. „Du bist gefährlich für uns Deutsche!", schrie sie Marita an.

„Was?" Marita verstand offensichtlich nicht. „Erika, wir müssen weiter! Ich will ins Lazarett!", erwiderte sie fast flehend, wandte sich um und wollte offensichtlich wieder losrennen, als Erika „Stopp!" rief.

Marita drehte sich wieder um. Erika hatte die Walther P5 auf sie gerichtet. „Du und Aurora, ihr habt jemanden versteckt, richtig? Eine Judensau, oder?" Sie genoss es, wie sich Maritas Augen vor Angst weiteten. „Keiner will mir glauben, aber ich weiß es. Ihr habt sie fortgeschafft, bevor die Polizei sie finden konnte, oder?"

Marita sah sie nur an. Erika regte sich immer mehr auf, denn nun hatte sich Maritas Blick verändert. Von einem Moment auf den anderem lag keine Angst mehr darin. Es hatte den Anschein, als hätte Marita mit diesem Verlauf der Ereignisse gerechnet. In ihren Augen war nur noch Mitleid. Das machte Erika unfassbar wütend. Der Zorn tobte in ihrer Brust. Dieses Miststück! Dieses Miststück! Das war der einzige Gedanke, den sie noch hatte. Marita hatte ihr Ende verdient.

Marita setzte zum Sprechen an: „Erika..." Weiter kam sie nicht.

„Halt's Maul, Schlampe!" Erika ging auf sie zu. „Du kannst unsere Familie nicht so in den Dreck ziehen! Deinetwegen werden wir nicht in die neue Ordnung einbezogen, wenn dieser Krieg vorbei ist. Deinetwegen werden wir alle zugrunde gehen. Das kann ich nicht zulassen!"

Marita lächelte nun leicht. „Erika, schau dich

doch um. Der Krieg ist verloren. Es wird keine neue Ordnung geben. Jedenfalls nicht so, wie du sie dir vorstellst."

„Still!", kreischte Erika. „Leute wie ich sorgen für ein neues Deutschland! Leute wie ich sorgen dafür, dass wir Deutsche herrschen werden. Und dafür können wir Leute wie dich nicht gebrauchen!"

Nun stand Erika der Wahnsinn ins Gesicht geschrieben. Die Wut auf Marita, der Neid, dass ihr Vater sie immer bevorzugt hatte, die Tatsache, dass Marita in der Schule besser abgeschnitten hatte, dass sie sich mit Aurora verstand und sogar verschworen hatte, dass sie erfolgreich war, das alles mischte sich in ihr zu einem Giftgebräu von Zorn.

Sie richtete die Waffe auf Maritas Kopf. Ihre Hand zitterte. Sie standen noch gut drei Meter auseinander. Marita rührte sich nicht. Sie stand einfach nur dort und schien abzuwarten. Dann lächelte sie. Warum lächelt die Schlampe? Warum lächelt sie?! Es wird für sie nie wieder was zu lächeln geben! Dann hörte Erika den Schuss, und der Rückstoß der Waffe hätte sie beinahe von den Füßen gerissen. Sie taumelte, konnte sich aber wieder fangen. Ein Rausch durchströmte ihren Körper. Dieser Adrenalinschub, der nur kam, wenn man jemanden getötet hatte, wenn man diese unsichtbare Grenze überschritten hatte.

Sie sah zu, wie Marita stürzte, auf den Rücken fiel und liegen blieb. Zunächst stand Erika einfach nur so da, die Waffe immer noch fest umklammert. Ihr Körper begann zu zittern. So, als würde allmählich jede Zelle in ihrem Körper verstehen, was sie da gerade getan hatte.

Das Adrenalin ebbte ab. Sie ging zu Marita. Ihre Hand hatte so stark gezittert, dass sie Marita in die Brust und nicht wie geplant in den Kopf geschossen hatte. Marita sah sie an. Erika kniete sich zu ihr. Ein Knoten bildete sich in ihrer Kehle. Was hatte sie getan? Was hatte sie da nur getan? Das war doch ihre kleine Schwester.

Marita blutete stark. In Sekunden breitete sich eine Blutlache um sie aus und besudelte Erikas Kleidung. Aber das machte ihr nichts aus. Sie nahm Maritas Kopf in die Hände. Marita sah sie an. Sie röchelte. Es war offensichtlich, dass sie starke Schmerzen hatte. Tränen tropften auf ihr Gesicht. Erika hatte zu weinen begonnen. „Es tut mir so leid", flüsterte sie. Marita sah ihr weiterhin nur in die Augen. „Ist in Ordnung", stammelte sie mit brüchiger Stimme. Das Sprechen fiel ihr schwer. Erika hielt sie fest. Marita zuckte, wandte aber keine Sekunde lang den Blick von Erikas Augen. Auch Erika brach den Blickkontakt nicht ab. Stattdessen hielt sie ihre kleine Schwester in den Armen. Sie streichelte sie und flüsterte immer wieder: „Schhhh, schhh, es wird alles wieder gut." Schließlich hörte Marita auf zu zucken. Sie bewegte sich nicht mehr und hörte auf zu atmen. Erika sah ihr immer noch in die Augen. Aber das waren nicht mehr die Augen ihrer kleinen

Schwester. Marita hatte diese Augen verlassen. Aurora war wie in Trance. Sie arbeitete. Und obwohl sie immer wieder die Bomben hörte, obwohl immer mehr Verwundete zu ihnen kamen, handelte sie eiskalt und wusste genau, was sie tun musste. Sie fühlte sich fast wie eine Maschine. Soeben war ein Mädchen mit Schussverletzungen und Verbrennungen eingeliefert worden. Offensichtlich hatte sie als Flakhelferin gedient, das erkannte Aurora an ihrer Uniform. Viele Jugendliche waren als Unterstützung des Militärs eingezogen worden, und so hatten sie heute ganz besonders viele verletzte junge Menschen. Gerade eben war im Zimmer nebenan eine zwölfjährige Flakhelferin gestorben, und einem Fünfzehnjährigen hatte sie heute schon ein Bein amputiert. Ihre Kleidung war über und über mit Blut beschmutzt, aber sie kümmerte sich nicht weiter darum. In die Wunden der Patienten wurde fleißig Alkohol gegossen, das musste reichen.

Heute war es wirklich besonders schlimm. Es gab viele, denen sie nicht mehr helfen konnten, denen man nur noch eine Dosis Morphium verabreichen konnte und für die man dann den Priester rief. Bei anderen Einlieferungen wiederum konnten sie nur den Tod feststellen. Viele brachten ihre Lieben trotzdem noch ins Lazarett, obwohl völlig klar gewesen war, dass es keine Hoffnung mehr gab. Also hatten sie alle Toten in einem gesonderten Raum aufgebahrt. Das Mädchen, das sie nun behandelte, war vielleicht sechzehn, siebzehn Jahre alt. Sie wimmerte vor Schmerzen. Aurora konnte es ihr nicht verdenken. Große Teile ihrer Haut auf der rechten Körperhälfte waren verbrannt. Außerdem hatte sie eine Schussverletzung im linken Oberschenkel. Offensichtlich handelte es sich aber um einen Durchschuss. Die Knochen waren nicht betroffen, und nach dem Blutfluss zu urteilen, auch keine der größeren Arterien. Sie hatte wohl Glück gehabt. Aurora begann mit der Wundreinigung. Das Mädchen begann zu weinen. Aurora verabreichte ihr ein Schmerzmittel und begann mit ihr zu sprechen. „Keine Sorge, das wird schon. Wie heißt du?"

Das Mädchen sah sie an. „Theresa."

„Ah, und du hast als Flakhelferin gedient?" Theresa nickte.

„Ist das von einer Explosion?", fragte Aurora und deutete auf die Wunden.

„Ja. Eine ziemlich heftige. Ich stand fast genau neben der Bombe. Meine Freunde...", sie schluchzte. „Ich weiß nicht, wie es ihnen geht! Ich weiß nur sicher, dass Jonas tot ist. Ich hab ihn nämlich gesehen, wissen Sie?"

„Wirklich?", sagte Aurora und reinigte unbeirrt die Wunden.

„Ja. Ich hab noch geschrien, er soll da weggehen. Dann war er schon tot."

Aurora sah sie ernst an. „Es ist ganz schön heftig heute. Wir haben viele Verluste."

„Seine Schwestern werden traurig sein. Wissen Sie, wir waren ziemlich gute Freunde und ich kenne eigentlich nur die jüngeren Brüder, aber ich kenn auch die Mädchen." Sie sah sich um und begann dann zu lächeln. „Da drüben war mal kurz mein Klassenzimmer."

Aurora drehte sich um und besah sich den Raum auf den Theresa deutete, dann wandte sie ihr wieder zu. „Komischer Zufall. Ich bin auch eine Stiftlerin, aber nie hier zur Schule gegangen. Ich bin ja schon 33 abgegangen. Aber schön, dass wir beide uns hier treffen."

Sie lächelte Theresa sanft an. Diese schien sich allein aufgrund der Erkenntnis, eine Stiftsschwester vor sich zu haben, zu beruhigen. Sie entspannte sich sichtlich auf der Pritsche. Aurora besah sich das Mädchen. „Dieser Jonas hatte Schwestern, die auch auf dem Stift waren?", fragte sie.

„Ja, vielleicht kennen Sie sie. Ich hab sie nur flüchtig kennen gelernt. Sie heißen Erika und Marita."

Aurora versuchte, sich ihren Schock nicht anmerken zu lassen. „Ah ja", entgegnete sie, „die kenne ich."

In diesem Moment kam der Arzt. Er untersuchte Theresas Wunden und wies einen Assistenzarzt an, den Durchschuss zu nähen. Aurora sah Theresa in sicheren Händen und ging weiter zum nächsten Patienten. Um noch etwas Verbandszeug zu holen, nahm sie den Weg durch die

Halle. Dort im Eingang stand jemand, den sie kannte. Erika. Sie war über und über mit Blut bespritzt. Aurora lief sofort zu ihr. „Geht es dir gut?", fragte sie, packte Erika an den Schultern und suchte sie mit den Augen nach Verletzungen ab.

„Ja. Mir fehlt nichts." Erika flüsterte nur. „Aber Marita. Marita hat es nicht geschafft."

Aurora fühlte sich, als würde sie fallen. Der Boden war ihr unter den Füßen weggezogen worden. Marita. Nicht doch. Es wurde eng in ihrer Brust, und es fühlte sich so an, als würde wieder diese riesige kalte Hand ihr Herz zerdrücken. Sie konnte es physisch spüren. „Wie?", fragte sie nur.

„Schuss in die Brust", sagte Erika. Dann begann sie zu weinen, und Aurora nahm sie in den Arm und tröstete sie. Vergessen waren die Streitigkeiten und vergessen war der Verrat. In ihrer Trauer waren sie beide vereint. Auch Aurora begann zu weinen.

„Jonas ist auch tot", schluchzte Erika. „Er war bei den Flakhelfern und wurde anscheinend von einer Bombe getroffen."

Aurora flüsterte nur: „Ich weiß." Nun schüttelte es Erika am ganzen Körper. Aurora konnte ihre Verzweiflung förmlich spüren.

„Frau Weiler!", rief eine Stimme hinter ihnen. „Wir brauchen Sie hier!"

Sie drehte sich um und sah einen der Ärzte, der sie heftig gestikulierend herbeiwinkte.

„Ich muss los", sagte sie und löste sich von Erika. Sie folgte dem Arzt in eines der Behandlungszimmer. Eine Frau lag dort, heftig zitternd ob des hohen Blutverlustes, und die Ärzte hatten Schwierigkeiten, sie ruhig zu halten. Sofort packte Aurora mit an. Über ihrer Arbeit vergaß sie wieder einmal alles um sich herum. Sie vergaß die Sorge um ihre Evi, sie vergaß ihre Trauer um Marita, sie vergaß ihr Mitleid mit Erika und sie vergaß ihre Angst. Bis sie aus der Eingangshalle einen lauten Schuss hörte.

13

Verordnung über die Heranziehung der deutschen Jugend zur Erfüllung von Kriegsaufgaben

§ 1. (1) Der Reichsjugendführer der NSDAP und der Jugendführer des Deutschen Reichs lenkt im Einvernehmen mit den zuständigen Reichsdienststellen die Verwendung der jugenddienstpflichtigen Jugend für zusätzliche Kriegsaufgaben neben Schule und Beruf.
(...)

Aus: Sartorius, Verfassungs- und Verwaltungsrecht, Sammlung von Reichsgesetzen, -verordnungen und -erlassen, 15. Auflage, 1. April 1944, C. H. Beck

Nach den beiden wirklich großartigen Gesprächen musste ich unbedingt wissen, wie das Ganze ausgegangen war. Wie hatte sich das Stift im Krieg verhalten? Gab es dazu noch weitere Unterlagen im Archiv? Natürlich. Ich hatte meine Freistunden wieder einmal gut genutzt und enorm viel gefunden und erfahren.

Das Max-Josef-Stift, Mühlbauerstraße, ist als Hilfskrankenhaus ausersehen und wird hiermit auf Grund des § 25 des Gesetzes über Leistungen für Wehrzwecke einschließ-

lich der gesamten Einrichtung beschlagnahmt.
Mit diesem Schreiben vom 11. September 1939, das ich ebenfalls im Archiv gefunden hatte, war dem Stift der Auszug mitgeteilt worden. Schon am 14. September hatte man die Schule ins Gregorianum verlegt. Das Priesterseminar war nach Freising umgezogen. Da dessen ursprüngliches Gebäude jedoch nicht auf eine so große Zahl von Schülerinnen ausgelegt war, litt das Stift an enormem Platzmangel. Einige Unterrichtseinheiten wurden an anderen Schulen abgehalten, wie der Amalienschule. Andere hingegen fanden schlichtweg nicht mehr statt.

München war bis 1943 von Fliegerangriffen weitgehend verschont geblieben, was der Stadt den Namen „Luftschutzkeller des Reiches" eingetragen hatte. Aber ab 1943, als im Krieg die entscheidende Wende vollzogen und klar war, dass Deutschland nicht mehr gewinnen konnte, hatten es sich die Alliierten zur Aufgabe gemacht, alles zu vernichten, was mit der Ideologie des Nationalsozialismus zu tun hatte. So wurde München als „Hauptstadt der Bewegung" nun nicht zum strategischen, sondern zum ideologischen Ziel der Bomber.

Da sich die Luftangriffe so enorm vermehrt hatten, war es für die Schule unmöglich, einen geregelten Ablauf zu gewährleisten. Erschwerend kam noch hinzu, dass das Stift im Zentrum der Stadt lag und somit ein leichtes Ziel abgab. Daher wurden Teile der Schule 1943 nach Rottach-

Egern am Tegernsee ausgelagert. Natürlich war die Zahl der Schülerinnen enorm geschrumpft. Viele Eltern hatten ihre Töchter aus der Schule genommen; vorrangig wegen der Gefahr, in der sich die Mädchen befanden, aber auch, weil man nach dem Verlust der männlichen Familienmitglieder dringend ihre Hilfe benötigte. Im April 1944 zählte die Schule nur noch 17 Schülerinnen. Überdies wurden die Mädchen auch für Kriegszwecke eingesetzt. So arbeitete laut Akte eine Gertrud Kastner im Jahre 1944 als Anlernkraft in einem Rüstungsbetrieb. Ein anderes Beispiel nennt Gisela Brauneck, die vom Herbst 1944 bis zum Frühjahr 1945 ihren Kriegseinsatz in der Kinderlandverschickung ableistete.

Die jüngeren Schülerinnen, die noch nicht zum Arbeiten in der Rüstungsindustrie herangezogen werden konnten, sollten das Reich anderweitig unterstützen. Sie wurden verpflichtet, Brieffreundschaften mit Soldaten an der Front zu unterhalten. Meist waren diese den Mädchen völlig unbekannt, und in fast allen Fällen brach der Kontakt nach dem Krieg ab, aber während der Zeit der Kampfhandlungen stellten die Briefe eine moralische Unterstützung für die Soldaten dar. Es wurden sogar Päckchen mit selbst gestrickten Socken und Handschuhen verschickt.

Somit waren alle Schülerinnen direkt oder indirekt in den Kriegsdienst eingebunden. Keine besonders rühmliche Bilanz.

Aber dann kommt immer die Frage, die mir im Kopf herumschwirrt: Hätte ich mich anders verhalten? Und wenn ja, wie?

1945

Sie lebten noch. Die letzten Wochen waren furchtbar gewesen, aber Aurora hatte dafür gesorgt, dass Evi, Linda und Anneliese diesen Krieg überlebt hatten. Auch Auroras Eltern und ihre Schwiegerfamilie hatten alles einigermaßen heil überstanden. Mit Theresa war Aurora in Kontakt geblieben. Deren Wunden waren verheilt, aber sie würde für den Rest ihres Lebens furchtbare Narben tragen. Sie konnten es immer noch nicht fassen, wen sie alles verloren hatten. Marita war erschossen worden, Sebastian war irgendwo in Russland gefallen, Erika hatte die Trauer offensichtlich nicht ertragen können und die Waffe gegen sich selbst gerichtet, und Jonas war zum Sterben erst recht zu jung gewesen.

Dazu kamen all die anderen, die sie nach und nach aus den Trümmern gezogen hatten und die teilweise nicht einmal mehr identifiziert werden konnten. Die unzähligen, bei denen es niemals Gewissheit für die Familien geben würde. Linda und Anneliese hatten herausgefunden, dass ihre Familien aus Paris nach Osten deportiert worden waren. Keiner von ihnen hatte überlebt.

München, die schönste Stadt der Welt, war

zerstört. Kein Stein lag mehr auf dem anderen und trotzdem wusste Aurora, dass es nun nur noch aufwärts gehen konnte. Sie und Evi würden es schaffen. Sie würden sich durchkämpfen, wie immer bisher. Es ging ihnen gut.

Der Krieg war offiziell vorbei. Und doch fühlte Linda sich so, als wären sie noch mittendrin. Längst wurden keine Bomben mehr geworfen, aber dennoch mangelte es am Nötigsten, und Tod und Verderben waren immer noch an der Tagesordnung. Aber wenigstens gab es einen kleinen Lichtblick. Leopold, den sie in Paris kennen gelernt und der ihr zur Flucht verholfen hatte, war kurzzeitig in Gefangenschaft geraten und dann nach München zurückgekehrt. Und das erste, was er dort getan hatte, war, sie zu suchen. Sie kannten sich kaum, und trotzdem hatte sie Ja gesagt, als er sie bat, sie zu heiraten. Vielleicht, weil sie wusste, wie kurz das Leben sein kann. Vielleicht auch, weil sie ihm so viel verdankte. Obwohl es ihr genau wie vorher an fast allem mangelte, war sie nun doch so glücklich wie nie zuvor.

14

Art. 1 GG
(1) Die Würde des Menschen ist unantastbar. Sie zu achten und zu schützen ist Verpflichtung aller staatlichen Gewalt.
(...)

Art. 2 GG
(1) Jeder hat das Recht auf die freie Entfaltung seiner Persönlichkeit, soweit er nicht die Rechte anderer verletzt und nicht gegen die verfassungsmäßige Ordnung oder das Sittengesetz verstößt.
(2) Jeder hat das Recht auf Leben und körperliche Unversehrtheit. Die Freiheit der Person ist unverletzlich. In diese Rechte darf nur auf Grund eines Gesetzes eingegriffen werden.

Art. 3 GG
(1) Alle Menschen sind vor dem Gesetz gleich.
(...)

Art. 4 GG
(1) Die Freiheit des Glaubens, des Gewissens und die Freiheit des religiösen und weltanschaulichen Bekenntnisses sind unverletzlich.
(...)

Art. 5 GG
(1) Jeder hat das Recht, seine Meinung in Wort, Schrift und Bild frei zu äußern und zu verbreiten und sich aus allgemein zugänglichen Quellen ungehindert zu unterrichten. Die Pressefreiheit und die Freiheit der Berichterstattung durch Rundfunk und Film werden gewährleistet. Eine Zensur findet nicht statt.
(...)

Art. 10 GG
(1) Das Briefgeheimnis sowie das Post- und Fernmeldegeheimnis sind unverletzlich.
(...)

Art. 13 GG
(1) Die Wohnung ist unverletzlich.
(...)

Art. 16a GG
(1) Politisch Verfolgte genießen Asylrecht.

Aus: Grundgesetz, 44. Auflage, 2013, C. H. Beck

Nach dem Ende des Zweiten Weltkriegs wurde das Max-Josef-Stift vorübergehend geschlossen. Die Kosten und der Aufwand konnten nach diesem verheerenden Krieg nicht mehr erbracht werden. Obendrein standen der Schule wieder einmal keine geeigneten Räumlichkeiten zur Verfügung. Das Gebäude in der Ludwigstraße hatte massive Zerstörungen erlitten, während das Gebäude in der Mühlbauerstraße immer noch als Hilfskrankenhaus diente. Zwar wurden hier nach Mai 1945 keine Soldaten mehr behandelt, aber dafür wurde es als Krankenhaus für die physische und psychische Betreuung von Opfern aus Konzentrationslagern genutzt.

Der Schulleiter, Herr Bogenstätter, kehrte wieder in den Ruhestand zurück, Herr Dr. Herting unterrichtete inzwischen an einem Gymnasium für Jungen.

Während der Übergangsphase hielt die Schule den Unterricht in Beuerberg ab. Erst 1952 zog das Max-Josef-Stift wieder in das Haus in der Mühlbauerstraße ein, wo es bis heute steht. Ein Teil der Schule ist auch immer noch Internat. Im Jahre 1988 wurde der musische Zweig an der Schule eingeführt.

Eine ehemalige Lehrerin beschrieb dies mit den folgenden Worten:

So wuchs und blühte das neue Stift wieder auf, und zwar nicht nur wie bisher als Lyzeum, sondern als vollwertiges Gymnasium. Was würde wohl der gute König Max Joseph sagen, wenn er sein einstiges Max-Josef-Stift jetzt sehen könnte? Ich sage Dir, Du Jugend des neuen Stiftes, wenn Du Dich im Leben so bewährst wie einst die Kinder des alten königlichen Hauses, dann hast Du meinen Segen und ich bin stolz, daß mein Name durch Dich weiterlebt, im lieben Bayernland.

1955
Evi war aufgeregt. Heute wurde sie endlich ins Gymnasium eingeschult. Sie und ihre Mutter gingen den von Rosen gesäumten Weg entlang, direkt auf eine schwere hölzerne Tür zu. Es war ein herrlicher Septembertag, und München sah so schön aus wie selten zuvor. Der Krieg war aus dem Alltag so gut wie verschwunden. Hier und da war noch ein Veteran zu sehen, dem ein Bein oder ein Arm fehlte, aber im Großen und Ganzen wuchs Evi ohne die Schrecken des Krieges auf.

Sie betraten die Eingangshalle. Eine schöne, große Halle mit zwei riesigen Marmorsäulen, aber einem furchtbar hässlichen Wandbehang. Sie folgten dem Strom der Schülerinnen und gingen in die Turnhalle. Als sie den Raum betraten, hörten sie nur das Schnattern und Lachen der Schülerinnen und das leise Murmeln der Eltern, die sich unterhielten. Alle Mädchen, die eingeschult werden sollten, setzten sich in die erste Reihe. Die Eltern warteten im hinteren Teil der Halle.

Aurora gab ihrer Tochter einen Kuss. Evi ging nach vorne und setzte sich neben eines der Mädchen. Evi lächelte sie an, und das Mädchen lächelte zurück. Dann war es endlich so weit. Frau Wellendorfer trat ans Rednerpult. Sofort senkte sich Stille über die Halle.

„Willkommen! Wir freuen uns, heute so viele wunderbare junge Mädchen in unserer geschichtsträchtigen Schule einschulen zu dürfen.

Mädchen, seht euch gut um. Diejenigen, die ihr hier seht, werden Freundinnen fürs Leben werden." Evi schaute zu dem Mädchen, das neben ihr saß. Ja, sie beide würden für immer befreundet sein.

Er war aus dem Zug ausgestiegen. Seit Jahren hatte er sich nach diesem Moment gesehnt, und nun war er da. Er war endlich wieder in seiner Stadt. Er war zu Hause. Er blickte am Bahnsteig auf und ab. Der Hauptbahnhof hatte sich verändert. Alles hatte sich verändert. Er hatte ihr nicht gesagt, dass er zurückkehren würde. Seit zwölf Jahren hatte er nicht mehr mit ihr sprechen können. Ob sie ihn wohl wiedererkennen würde? Ob sie wusste, wer er war, wenn er vor ihr stand?

Bevor er seine Heimreise angetreten hatte, war ihm zugetragen worden, dass sie noch lebte und auch noch immer in München wohnte. Es hatte ihn wenig überrascht, als er mit einem Blick auf die Adresse feststellte, dass sie in Schwabing eine Wohnung genommen hatte. Sie hatte dieses Fleckchen Erde immer geliebt und ihm oft gesagt, dass sie von dort niemals wegziehen wolle.

Er wollte sie unbedingt wiedersehen. Er schulterte seinen Rucksack und machte sich auf den Weg. Er würde zu Fuß gehen. Wie lange hatte er nicht mehr die Entscheidungsgewalt darüber gehabt, was er tun sollte, und nun konnte er es einfach selbst entscheiden. Das bedeutete für ihn die wahre Freiheit.

Es war ein lauer Septembertag. Die Bäume standen noch in Saft und Kraft, und er genoss es, wie die spätsommerlichen Sonnenstrahlen sanft auf sein ausgemergeltes Gesicht fielen und dieses langsam erwärmten. München hieß ihn willkommen.

Er wusste nicht, wie lange er gelaufen war. Es hätten zwanzig Minuten, aber auch vier Stunden sein können. Es war ihm egal. Aber nun stand er da, direkt vor dem Siegestor. Zu seiner Rechten war der Brunnen, an dem er Tag für Tag auf sie gewartet hatte. Sein Herz machte einen Sprung bei diesem Anblick. Er war furchtbar aufgeregt. Ob sie wohl auf ihn gewartet hatte? Oder hatte sie sich längst einen anderen gesucht? Panik stieg in ihm auf. Er wollte gar nicht daran denken. Sie musste auf ihn gewartet haben. Es gab einfach keine andere Möglichkeit. Sonst würde er sich sofort erschießen.

Er bog in eine Seitenstraße ab und verlor sich im Gewirr der Schwabinger Gassen. Und dann traf ihn plötzlich ein Donnerschlag. Dort, vor einem Gemüseladen, stand eine Frau. Sie war recht groß und sehr schlank. Wie sie so das Gemüse betrachtete, wirkte jede ihrer Bewegungen anmutig, fast königlich. Ihre hellbraunen Haare fielen ihr wie immer schon fast bis zu Taille und umrahmten ihr schönes Gesicht. Die blauen, unergründlichen Augen, die rosafarbenen Lippen. Sie war es. Und sie war noch genauso schön, wie er sie in Erinnerung hatte, auch wenn er schon von weitem erkannte, dass sich auf ihrer Stirn einige Sorgenfalten eingegraben hatten.

So lange hatte er auf diesen Moment gewartet. Er sah sie tatsächlich gerade wieder. Sie stand nur zehn Meter von ihm entfernt, aber er konnte keinen Muskel bewegen. Zu angespannt war sein Körper, und sein Kopf schien nicht mehr richtig zu funktionieren. Er beobachtete sie einfach weiter, wie sie Tomaten und Zwiebeln kaufte und dann den Gemüseladen verließ und sich auf den Weg machte. Erst als sie schon beinahe um die Ecke gebogen war, konnte er seine Beine endlich wieder bewegen und folgte ihr.

Aurora hörte Schritte hinter sich, die rasch näher kamen. Völlig in Gedanken versunken orientierte sie sich weiter auf die rechte Seite des Gehwegs, um dem herannahenden Fußgänger Platz zu machen. Die Schritte kamen näher, und die Person war nun beinahe mit ihr gleichauf. Sie drückte sich noch weiter an die rechte Seite. Überhol mich doch, dachte sie und wunderte sich über den sonderbaren Fußgänger.

„Hallo", sagte eine männliche Stimme und schreckte sie aus ihren Gedanken. Sie sah hoch und blickte auf den Mann, der nun neben ihr ging.

Er war wieder da! Sie hatte ihn sofort erkannt. Ein Sturm von Angst und Euphorie zugleich durchströmte ihren Körper. Sie wusste nicht, was sie denken sollte, sie war völlig überrumpelt. Er war nicht tot! Er war hier! Und er sprach mit ihr! So lange hatte sie seine Stimme nicht gehört. Sie konnte nichts dagegen tun, ihr Herz schlug so schnell, dass sie fürchtete, es würde ihr aus der Brust springen. Sie hatte das Gefühl, zu fallen, und ihre Augen füllten sich mit Tränen. Eine nach der anderen rann ihre Wangen hinab. Sie warf sich an seine Brust und antwortete mit einem sanften und sehr leisen „Hallo".

Personenverzeichnis

Fiktive Charaktere:

Aurora: Schülerin am Max-Josef-Stift bis 1933, dann Krankenschwester. Mit Sebastian Weiler verheiratet. Mutter von Evi Weiler. Versteckt die Jüdinnen Linda und Anneliese.

Sebastian Weiler: Mann von Aurora und Vater von Evi. Ab 1939 Soldat der deutschen Wehrmacht. Verhilft Linda und Anneliese zur Flucht aus dem besetzten Paris.

Evi Weiler: Tochter von Aurora und Sebastian. Ab 1955 Schülerin am Max-Josef-Stift.

Erika Reindl: Klassenkameradin von Aurora und ältere Schwester von Marita. Bis 1933 Schülerin am Max-Josef-Stift.

Marita Reindl: Jüngere Schwester von Erika Reindl. Bis 1939 Schülerin am Max-Josef-Stift. Dann Studentin der Politik an der LMU. Hilft Aurora dabei Linda und Anneliese zu verstecken.

Linda Rosenstaub: Schülerin am Max-Josef-Stift bis 1934. Dann Flucht nach Paris. Mit Hilfe von Sebastian gelangt sie nach München zurück, wo sie von Aurora versteckt wird. Heiratet nach dem Krieg Leopold.

Leopold: Soldat der Wehrmacht. Verhilft gemeinsam mit Sebastian Linda und Anneliese zur Flucht.

Anneliese: Schülerin am Max-Josef-Stift bis 1935. Dann ebenfalls Flucht nach Paris. Kommt gemeinsam mit Linda zurück nach München.

Theresa: Schülerin am Max-Josef-Stift und Flakhelferin.

Esther: Jüdische Klassenkameradin von Marita und Linda. Flieht 1934 in die Schweiz.

Jakob Reindl: Erster Sohn der Familie Reindl und älterer Bruder von Erika und Marita.

Hannes Reindl: Zweiter Sohn der Familie Reindl und älterer Bruder von Erika und Marita.

Klaus Reindl: Dritter Sohn der Familie Reindl und jüngerer Bruder von Erika und Marita.

Jonas Reindl: Vierter Sohn der Familie Reindl und jüngerer Bruder von Erika und Marita. Stirbt 1944 bei einem Luftangriff auf München.

Herr Rosenstaub: Ehemaliger Offizier und Vater von Linda.

Frau Rosenstaub: Mutter von Linda.

Tante Ada: Lindas Tante in Paris und Schwester von Herrn Rosenstaub.

Paul Weiler: Sebastians jüngerer Bruder und

Auroras Schwager.

Rosa Weiler: Sebastians jüngere Schwester, Schülerin am Max-Josef-Stift.

Fräulein Schneider: Deutschlehrerin von Aurora und Erika am Max-Josef-Stift.

Frau Meinecke: Lehrerin von Marita am Max-Josef-Stift.

Frau Steller: BDM-Leiterin am Max-Josef-Stift.

Frau Rauch: Lehrerin am Max-Josef-Stift. Wurde 1933 wegen mangelnder Regimetreue entlassen.

Hanna: Schülerin am Max-Josef-Stift, Klassenkameradin von Aurora und Erika.

Anna, Berit: Schülerinnen am Max-Josef-Stift, Klassenkameradinnen von Marita und Linda.

Helene Anderl, Elisabeth Baumgartner, Rosa Eiberl, Paula Hubert, Heike Mader, Renate Rost, Maria Stabler, Katharina Sommer: Schülerinnen österreichischer Herkunft am Max-Josef-Stift.

Dr. Aster: Direktor des Krankenhauses.

Dr. Hassler: Facharzt für Gynäkologie.

Dr. Zeller: Assistenzarzt.

Frau Martin: Oberschwester im Krankenhaus.

Patientin mit Schizophrenie.

Schwester Ina, Schwester Helena, Schwester Lisa:

Kolleginnen von Aurora im Krankenhaus.

Herr Schubert: Kommandant der Schutzpolizei.

Greta: Freundin und Studienkollegin von Marita.

Reale Charaktere:

Penelope Poetis: Als Autorin und Erzählerin.

Vater von Penelope: Findet das Gesetzbuch, aus dem Passagen zitiert wurden.

Frau Henle: Schülerin am Max-Josef-Stift von 1932-1938. Erzählte ihre Geschichte im einem persönlichen Interview.

Marion: Jüdische Klassenkameradin von Frau Henle. Ist 1935 verschwunden.

Iris: Klassenkameradin von Frau Henle und ebenfalls Jüdin. Ist die Tochter des damaligen MAN-Chefs und schon 1934 in die Schweiz immigriert. Seit einigen Jahren haben die beiden wieder Kontakt.

Resi Prosel: Schülerin am Max-Josef-Stift von 1936-1943. Erzählte ihre Geschichte in einem persönlichen Interview.

Kathi Kobus: Gründerin des Simpl.

Theo Prosel: Vater von Resi Prosel, war Kabarettist im Simpl und übernahm diesen später von Kathi Kobus als Wirt.

Dolly Prosel: Schwester von Resi Prosel und ebenfalls Schülerin am Max-Josef-Stift.

Dr. Nikol: Klassenleiter von Resi Prosel 1939.

Frau Krönleitner: Handarbeitslehrerin von Resi Prosel.

Herr Schenk: Lehrer von Resi Prosel.

Felicitas Wörner: Freundin und Mitschülerin von Reso Prosel, verlor alle 3 Brüder im Krieg.

Martha: Freundin von Resi Prosel

Gräfin Lambsdorff: Schulleiterin am Max-Josef-Stift von 1927-1935.

Dr. Georg Herting: Schulleiter von 1935-1939.

Herr Bogenstätter: Schulleiter von 1939-1945.

Frau Wellendorfer: Französisch Lehrerin von Resi Prosel, später nach Kriegsende Direktorin am Max-Josef-Stift.

Fräulein Palm: Lehrerin am Max-Josef-Stift und Vertrauensfrau des NSLB.

Fräulein Höfl: Schülerin am Max-Josef-Stift und Nichte von Heinrich Himmler.

Gertrud Kastner: Schülerin am Max-Josef-Stift und Anlernkraft in einem Rüstungsbetrieb.

Gisela Brauneck: Schülerin am Max-Josef-Stift und Kriegsdienstleistende im Zuge der Kinderlandverschickung

Pater Delp: Katholischer Pfarrer und Widersacher des Nazi-Regimes. Wurde wegen des Attentats auf Hitler unter der Operation Walküre hingerichtet.

Staatssekretär Dr. Boepple: Zur Eröffnungsfeier als Redner am Max-Josef-Stift.

Franz Josef Strauß: Ministrant in der Kapelle des Max-Josef-Stifts.

Danksagung

Dass dieses Buch geschrieben werden konnte, ist in nicht geringem Umfang der tatkräftigen Mitwirkung und Hilfe geschuldet, die mir von Freunden und Familie zuteil wurde.

Herzlich danke ich Gudrun Steiner, Vizedirektorin des Stifts, die mich während der Anfänge dieses Projekts tatkräftig unterstützt hat, sowie Prof. Dr. Michael Stürmer, der mir ebenfalls in der Anfangsphase entscheidende Tipps und Hinweise gab.

Natürlich möchte ich auch meinen Zeitzeuginnen Frau Henle und Frau Prosel (†) sowie deren Familien danken. Ihre Geschichten haben mich zu diesem Buch inspiriert.

Ebenfalls bedanken möchte ich mich bei Jürgen Ahrens, meinem Lektor, der alle Fehler akribisch aus dem Skript entfernt hat.

Ganz besonders danke ich meinen Eltern und Geschwistern die alle fünf immer wieder das Skript gelesen, korrigiert und mit mir diskutiert haben, ohne sich nur einmal darüber zu beschweren. Nur mit ihrer Unterstützung ist es überhaupt zu einem Buch geworden.

Die Autorin

Fotos Egbert Krupp

Penelope Anastasia Poetis wurde 1991 als zweites von vier Kindern in München geboren und besuchte ab dem Schuljahr 2005/06 das Max-Josef-Stift Gymnasium.

Die Schule wählte sie aufgrund des musischen Zweiges, der ihr sängerisches Talent weiter förderte. Nach einer fünfjährigen Laufbahn im Kinderchor der Bayerischen Staatsoper schaffte sie 2006 den Sprung in die Bayerische Singakademie und war mehrfache Preisträgerin im bundesweiten Wettbewerb „Jugend Musiziert". Ebenfalls 2006 gründete sie die Schülerzeitung „Der Stift" und war als Chefredakteurin tätig. Nach einem einjährigen Auslandsaufenthalt in London begann sie – mit dem Eintritt in die Kollegstufe 2008 – die intensive Arbeit im Archiv des Stifts.

Nach dem Abitur 2010 nahm sie ihr Studium an der Ludwig-Maximilians-Universität auf.

Penelope studiert Geschichte mit Nebenfach Antike und Orient.
Im Jahr 2013 schloss sie außerdem erfolgreich eine Ausbildung zur Grafikdesignerin ab.
Für Praktika hielt sie sich unter anderem zwei Monate in Sydney und Mailand auf, wobei sie ihre Fremdsprachenkenntnisse vertiefte.